Duden

Das neue
Wörterbuch der
Szenesprachen

herausgegeben
von Trendbüro

IMPRESSUM:
Herausgeber: Prof. Peter Wippermann / Trendbüro
Redaktionsleitung Trendbüro: Dirk Bathen, Josefine Sporer
Redaktionsleitung Dudenverlag: Dr. Matthias Wermke
Autoren: Dirk Bathen, Josefine Sporer, Eva Deinert, Martin Haiss
Konzeption, Art-Direktion und Gestaltung: Astrid Thienhaus / Büro Hamburg
Bildredaktion: Astrid Thienhaus, Alke Bücking / Büro Hamburg
Satz: Bibliographisches Institut AG, Mannheim
Umschlaggestaltung: Astrid Thienhaus / Büro Hamburg
Lektorat: Dr. Matthias Wermke / Dudenverlag
Herstellung: Monika Schoch / Dudenverlag
Druck und Einband: Firmengruppe APPL, Wemding

Wir danken allen Userinnen und Usern, die sich auf unserem Portal szenesprachenwiki.de beteiligt haben und weiterhin beteiligen. Ohne Euch wäre das Buch so nicht zustande gekommen. Dank an Sebastian Deutsch und alle Beteiligten bei 9Elements sowie Stefan Landrock für die Gestaltung und Programmierung der Webseite. Herzlichen Dank auch an Dr. Matthias Wermke, Monika Schoch und Angelika Böhm im Dudenverlag für die gute Zusammenarbeit.

BIBLIOGRAFISCHE INFORMATION DER DEUTSCHEN NATIONALBIBLIOTHEK
Die Deutsche Nationalbibliothek verzeichnet diese Publikation in der Deutschen Nationalbibliografie; detaillierte bibliografische Daten sind im Internet über http://dnb.ddb.de abrufbar.

© Bibliographisches Institut AG 2009
Printed in Germany
ISBN 978-3-411-71092-8
www.duden.de
www.trendbuero.com

Duden

Das neue Wörterbuch der Szenesprachen

herausgegeben von Trendbüro

Dudenverlag

Mannheim · Wien · Zürich

5 / Inhalt

SPRACHE IST INNOVATION

Sprache ist lebendig, ständig in Bewegung, wie die Welt, in der wir leben. Veränderte Lebenswelten verlangen neue Wörter, um angemessen kommunizieren zu können. Die rasante Entwicklung im Bereich Computertechnologie und Netzwerkkultur belegt diese Dynamik eindrucksvoll. Die Geburt des Internets, das mit dem Web 2.0 seine Pubertät erreicht, eröffnet vielfältige Möglichkeiten der Kommunikation und des Communitybuildings und verändert den Lebensstil der Menschen. In der **WEBCIETY** wird Entertainment zu **INTERTAINMENT.** Studien zufolge können sich über die Hälfte der Deutschen ein Leben ohne Internet nicht mehr vorstellen, bei Jugendlichen sogar über 80%. Das Internet wird zum Mitmach-Web, soziale Netzwerke erfreuen sich steigender Beliebtheit. Da wird **GEADDET** und **GEFRIENDET,** gepostet und genetworked, und wer sich in seinem virtuellen Selbstinszenierungswahn vergaloppiert, **CHATLAG** verursacht oder sich als **NOOB** outet, darf sich nicht wundern, wenn die User über ihn **LOLLEN.**

Immer wieder werden alte Wörter aus dem Sprachgebrauch verdrängt. Wer heute etwas dufte oder famos findet, ist nicht up to date und muss seinen Wortschatz vielleicht etwas **PIMPEN,** damit er wieder **FRESH** ist. Wenn das gewohnte Inventar der Sprache nicht mehr ausreicht, entstehen neue Wörter. Oft werden diese aus dem Englischen übernommen, denn im englischsprachigen Raum haben viele maßgebliche Technologie- und Lifestyleveränderungen ihren Ursprung. Mit dem Internet wird die Welt zum Dorf, und die gemeinsame Sprache der **DIGITAL NATIVES** und **NETIZENS** ist Englisch. Wörter wie **SKYPEN** oder **BLOGOSPHÄRE** beschreiben Phänomene, die vor zehn Jahren noch nicht existierten, aus dem modernen Alltag aber nicht mehr wegzudenken sind. Sprache ist im Fluss. Das zeigt sich nicht zuletzt auch daran, dass viele Wörter, die sich im ersten Wörterbuch der Szenesprachen aus dem Jahr 2000 finden, aus ihrer Nische herausgekommen sind und mittlerweile in das Duden-Universalwörterbuch aufgenommen wurden: Emoticon oder Netiquette, chatten oder dissen sind heute fest im Sprachgebrauch verankert.

Doch Szenesprache ist nicht ausschließlich Internetsprache, Jugendsprache oder Teenagerslang. Die Jugendszenen sind zwar sprachlich am kreativsten, weil Sprache vor allem von jungen Menschen als Abgrenzungsmerkmal dient, und aus ihnen heraus entstehen die meisten neuen Wörter, aber die gesellschaftliche Ausdifferenzierung und Pluralisierung der Lebenswelten sorgt insgesamt dafür, dass sich in vielen anderen Kontexten und Szenen ein neues Vokabular entwickelt – das betrifft dann Liebe und Partnerschaft ebenso wie den Gesundheitssektor, das Berufsleben, den Dunstkreis der Gamingcommunity oder das weite Feld der Popkultur. Wer die **CHALLENGE** um die stylishste **LATTE-MACCHIATO-MAMA** gewinnen will, muss **VIERUNDZWANZIGSIEBEN** an sich arbeiten, um in den **RECALL** zu kommen.

Neben dem ungebrochenen Trend zum Englischen ist die Ökonomisierung von Sprache eine weitere wichtige Entwicklung. Sprache wird immer häufiger verkürzt und damit effizienter. Hierfür steht die Kultur der Kurzmitteilungen, angefangen von der SMS-Sprache bis hin zum webzweinulligen **TWITTERN.** Es geht darum, möglichst viele Informationen mit möglichst wenigen Zeichen in möglichst kurzer Zeit zu übermitteln. Diese Ökonomisierung von Sprache findet sich auch in vielen Wortneuschöpfungen, die in diesem Buch verzeichnet sind, wieder. So wird das Programm zum **PROG** und das Programmieren zum **PROGGEN,** das Registrieren wird zum **REGGEN.** Darüber hinaus zeigt sich eine große Anzahl sogenannter Kofferwörter, die zwei Wörter zu einem neuen Wort verschmelzen und ihm damit eine neue Bedeutung geben: **SMEXY, SCHNÜCHTERN, KIDULT, SCREENAGER, NIFTEN** oder **BANKSTER** sind nur einige Beispiele für diese sprachliche Evolution.

DAS MITMACH-WÖRTERBUCH SZENESPRACHENWIKI.DE

Es hat sich also viel getan in den letzten zehn Jahren, sozial, kulturell, technologisch und ökonomisch. Sprache begleitet diesen Wandel. Gesellschaftliche Veränderungen schlagen sich im Sprachgebrauch nieder. Zeit also, fast ein Jahrzehnt nach dem großen Erfolg des »Duden-Wörterbuchs der Szenesprachen«, für einen neuen Zwischenstand. Szenesprachen reloaded. Welche Neologismen und Slangbegriffe sind momentan in den Szenen präsent?

Um diesen Wandel für das »Neue Wörterbuch der Szenesprachen« zu dokumentieren, haben Dudenverlag und Trendbüro einen neuen Weg der Stichwortsammlung eingeschlagen und mit **SZENESPRACHENWIKI.DE** eine interaktive Plattform eingerichtet, auf der die Sprachverwenderinnen und Sprachverwender selbst Wörter posten und neue Wörter vorschlagen können. Sprache verändert sich durch die Menschen, die sie benutzen. Was liegt da näher, als den Menschen bzw. Usern die Möglichkeit zu geben, ihr Szenesprachenwörterbuch selbst mitzugestalten? Der große Erfolg der Webseite **SZENESPRACHENWIKI.DE** und die vielen Einträge, die im Laufe der letzten Monate das Portal zu blühendem Szenesprachleben erweckt haben, ist für uns der Beweis, dass die Menschen sich für ihre Sprache interessieren und begeistern.

Es geht uns bei diesem Projekt nicht darum, möglichst ausgefallene Neologismen und wortwitzige Sprachkreationen zu finden. Stattdessen wollen wir Begriffe dokumentieren und präsentieren, die in verschiedenen Szenen bereits verwendet werden, aber oft noch nicht im Mainstream angekommen sind. Denn in den Nischen der Gesellschaft entwickelt sich die Sprachkultur von morgen. Wer den Wandel frühzeitig erkennen will, muss das Flüstern in den Communitys verstehen. Sprachcodes sind Stifter kultureller Identität. Sie drücken nicht nur eine individuelle Befindlichkeit aus, sondern signalisieren soziale Zugehörigkeit und Abgrenzung. Sprachcodes sind Spiegel persönlicher Einstellungen und Seismograf gesellschaftlicher Veränderung.

Das auf **SZENESPRACHENWIKI.DE** gewachsene Onlinewörterbuch bildet die Basis für das vorliegende Buch. Täglich kommen mehr Einträge hinzu. Aufgrund der Vielzahl an Wortvorschlägen mussten wir eine redaktionelle Auswahl treffen, sodass sich in diesem Buch nicht alle Wörter wiederfinden, die auf der Webseite gepostet wurden und im dortigen Wörterbuch verzeichnet sind. Wir danken allen Userinnen und Usern, die sich so rege am Szenesprachenwiki beteiligt haben und auch weiterhin beteiligen. Eure Einträge sind das Herz dieses Projektes. Sprache lebt, und sie lebt weiter, auf **SZENESPRACHENWIKI.DE.**

Dirk Bathen   Peter Wippermann
Redaktionsleitung   Herausgeber
Trendbüro   Trendbüro

Hamburg, im Oktober 2009

ZUM GEBRAUCH DES BUCHES: Im Register am Ende dieses Buches finden sich über 700 Wörter, die in diesem Duden beschrieben sind. ↑**WÖRTER,** die so gekennzeichnet sind, haben eine eigene Definition. Farblich markierte **WÖRTER** ohne Pfeilverweis sind in anderen Definitionen verarbeitet oder erklärt.

Cyberstalking in Social Network
Community. Gruscheln in der Fer
Speeddating. In unserer Netzwer
management an Bedeutung. Lieb
und Networking – neue Formen de
Beziehungssprache hervor.

Social Life

dden und Defrienden in der
eziehung. Chickmagnets beim
esellschaft gewinnt Beziehungs-
nd Partnerschaft, Freundschaft
usammenlebens bringen eine neue

ABF [*Abkürzung für: allerbeste Freundin*] Manche Dinge ändern sich nie. Schon Muttern tauschte in der Schule heimlich kleine Zettelbotschaften mit der Freundin aus, die zur Verschlüsselung Akronyme wie **HDGDL** für: »Hab dich ganz doll lieb« enthielten. Statt solche Nachrichten kompliziert durch Bankreihen zu reichen, werden sie heute vielfach einfach persönlich von Handy zu Handy verschickt. Abkürzungen wie ABF für die »allerbeste Freundin« werden dabei eher aus sprachökonomischen Gründen denn als Schutz vor neugierigen Dritten verwendet.

ADDEN [*zu engl. to add = hinzufügen*] Treibt man sich viel auf ↑ SOCIAL-NETWORKING-SITES herum, wird ein möglichst großer virtueller Bekanntenkreis zum Statussymbol. Hier werden Freundschaften nicht mehr geknüpft, sondern Kontakte geaddet. Das Adden bezeichnet also hauptsächlich den Vorgang des Hinzufügens von Profilen zur eigenen Kontaktliste der oft mit »Thx for the add« registriert wird. Aber auch in anderen Situationen kann das Wort synonym für »hinzufügen« verwendet werden. So können beispielsweise Links oder sportliche Fähigkeiten geaddet werden.

ALTERNATIVE DATING [*Zusammensetzung aus engl. alternative = alternativ und engl. to date = sich verabreden*] Blümchensex im Latexoutfit zu Heavy-Metal-Musik? Kein Problem! Über ↑SINGLEBÖRSEN gesteuert, kann man im Internet nach Partnern suchen, die exakt dieselben sexuellen Vorlieben teilen wie man selbst. Dafür nutzen Experimentierfreudige entweder »normale« Flirtcommunitys und texten auf gut Glück potenzielle Sexpartner an, oder sie schauen sich auf speziellen Portalen um, die einzig und allein den Zweck verfolgen, solche Spezialkontakte herzustellen. Auf diesen Websites wird die ↑SEXUALTAKTUNG präzise und detailliert angegeben, sodass jeder unkompliziert sein passendes Date findet.

BACK-UP-FREUND [*engl. to back up = unterstützen, hinter jmdm. stehen*] Einen Back-up-Freund braucht, wer eine attraktive Frau und ihre Freundin an seinen Tisch einladen will. Dessen Aufgabe ist dann, die Begleitperson zu entertainen, während man selbst versucht, bei der Angebeteten zu landen. Freundschaft verpflichtet. Und so ist man eben ab und zu genötigt, seine eigenen Interessen hintanzustellen und die Nachhut zu bilden, wenn der Freund auf einer Party nicht alleine auftauchen möchte. Blöd nur, wenn der gleich nach fünf Minuten punktet und man nun selbst als ↑MOF rüberkommt. Blöd auch, wenn der Back-up-Freund sich, wenn es darauf ankommt, als ↑STICHLÄSSER entpuppt.

BITCHEN [*engl. to bitch = meckern*] Besonders Frauen sind gut im Bitchen, denn ihnen liegt – wie böse Zungen behaupten – das Gezicke im Blut. Bitchen meint demnach rumzicken, zickig sein und **ZICKENTERROR** verbreiten. Rumbitchen bedeutet aber auch, mit mehreren Männern gleichzeitig rummachen oder besonders häufig die Betten wechseln. Und wer sich zum Ausgehen ↑AUFGEBITCHT hat, der hat an Make-up, Haarfestiger und Ausschnitt nicht gespart, muss aber nicht zwingend zickig sein.

BRETT Das Brett ist ein Wort, das je nach Lebenssituation verschiedene Bedeutungen annehmen kann. Ein Brett war in der Schule ein Mädchen, das noch keine Brüste hatte. Später dann war es eine Person, die beim Sex wenig Eigeninitiative gezeigt hat und ziemlich unbeweglich dalag. Inzwischen ist Brett ins andere Geschlecht abgewandert und bezeichnet einen Typ, der besonders attraktiv und an-

sehnlich ist. Brett hat seinen Ursprung in der Musikszene, in der ein tolles DJ-Set als »geiles Brett« gelobt wird oder der Sound voll auf die Ohren brettert. Von der Musik wurde es dann auf den Mann hinter den Plattentellern und von da auf die restlichen Männer dieser Welt übertragen und hat so eine Bedeutungserweiterung erfahren.

CASUAL DATING [*zu engl. casual = gelegentlich*] Auch bekannt als **CASUAL SEX** dient das Casual Date allein der sexuellen Bedürfnisbefriedigung. Meistens verbindet die Partner im Gegensatz zu den **FRIENDS WITH BENEFITS** keine enge Freundschaft und auch keine romantische Beziehung. Im Unterschied zur klassischen Affäre wird kein Dritter betrogen und man kennt vorteilhafterweise, anders als beim One-Night-Stand, die sexuellen Vorlieben des anderen.

CHATLAG [*Zusammensetzung aus Chat und Jetlag*] Jemand, der an einem Chatlag leidet, hat entweder zu viele Chatfenster auf einmal offen und kommt mit der gleichzeitigen Kommunikation nicht mehr hinterher, oder das Chatten geht einfach zu schnell, sodass er eine Antwort auf eine Frage schreibt, während schon die nächste Message vom Chatpartner mit einem neuen Thema auf dem Schirm auf-poppt und die Antwort auf die vorher-gehende Frage vielleicht überflüssig macht. Wer in **INSTANT MESSEN-GERN** wie ICQ, Skype und Facebook gleichzeitig online ist, wird oft parallel von mehreren Freunden angetextet und muss nun zwischen den Ge-sprächspartnern hin und her jonglie-ren. Diese müssen dann oftmals sehr lang warten, bis sie eine Antwort be-kommen. Dieser virtuelle Betrug am Gesprächspartner wird auch als **CHATCHEATEN** (engl. to cheat = be-trügen) bezeichnet.

CHICKMAGNET [*Zusammenziehung aus engl. ugs. chick = Mädchen und Magnet*] Bei einem Chickmagneten handelt es sich um einen Mann, der es schafft, auf wundersame Weise die Frauen magnetisierend um sich zu scharren. Männer mit solcher Durch-schlagskraft werden auch als Womani-zer oder **CHICKOLO** bezeichnet.

COHAB [*zu lat. cohabere = zusam-menwohnen, engl. cohabitant = Mit-bewohner*] Die klassische Beziehung zwischen Mann und Frau wird mehr und mehr von alternativen Partner-schaftsformen unterwandert. Wäh-rend die ↑MINGLES eigentlich Singles sind und die **LATS** getrennt zusam-menleben, sind die Cohabs eine Art WG mit Kusserlaubnis. Wer unter einem Dach zusammenlebt, aber den Trau-schein kategorisch ablehnt, gehört zu dieser Form der Lebens- und Liebes-gemeinschaft.

CYBERSTALKING [*zu engl. to stalk = sich anpirschen*] Im Internet hinterlas-sen wir permanent Spuren, bewusst und unbewusst. Dieser Umstand eröffnet dem »klassischen« Stalking neue Wege. Das Ausmaß variiert vom vergleichs-weise harmlosen Ausspähen einer Per-son über ihre Onlineprofile bis hin zu Be-lästigung oder Bedrohung. Der digitale Terror beginnt, wenn elektronische Kom-munikationsmedien instrumentalisiert werden, um das Opfer psychisch unter Druck zu setzen oder ihm in anderer Form zu schaden. Dazu zählt die Ver-breitung von Gerüchten oder die Veröf-fentlichung intimer Details und (ma-nipulierter) Fotos über Internetseiten, Diskussionsforen und Newsgroups oder per Mail. Der Horror kann bis hin zu **IDENTITÄTSDIEBSTAHL** und Krimi-nalisierung, etwa durch Anmeldung des Opfers in Onlineshops, gehen.

DADSTER [*Zusammensetzung aus engl. dad = Papa und engl. hipster = hipper Typ*] Dadster ist das männliche Pendant zur ↑LATTE-MACCHIATO-

MAMA. Bei diesem jungen Szene-papa, der lässig gekleidet mit Musik auf dem Ohr ganz selbstverständlich den Nachwuchs im Hightech-Kinder-wagen durch das In-Viertel schiebt, schließen sich jugendliche Coolness und erwachsenes Verantwortungsbe-wusstsein nicht aus.

EGOBOOST [*zu engl. boost = Aufstieg, Erhöhung*] Ein Lob, eine Anmache oder ein Kompliment kann ein Ego-boost sein. Wenn man hört, dass man einen hervorragenden Job gemacht hat, eine wunderschöne Frau ist oder offensichtlich abgenommen hat, dann streichelt das unser Ego, stärkt unser Selbstbewusstsein und sorgt für neue Motivation und neuen Schwung. Man fühlt sich jung, stark, mutig und schön, also insgesamt unbesiegbar.

ELLIS [*Kurzform für: Eltern*] Wer seine Eltern liebevoll verkürzt als Ellis bezeichnet, drückt damit nicht nur eine enge Verbundenheit mit ihnen aus, sondern wirft auch charmant ein ju-gendliches Licht auf Vater und Mutter.

ENTFREUNDEN Auf **SOCIAL-NET-WORKING-SITES** wie XING, Facebook oder MySpace kann man nach Belie-ben ↑**FRIENDEN.** Allerdings ist das ↑**ADDEN** neuer Kontakte durch einen Klick keineswegs mit dem langwierigen Entwicklungsprozess einer klassi-schen Freundschaft gleichzusetzen. In Zeiten der Netzwerkökonomie sind Online-Bekanntschaften eher lose Ver-bindungen als starke emotionale Ver-knüpfungen. Auch im realen Leben werden Freundschaften aufgekündigt, aber in der anonymen Netzwelt fällt das Entfreunden, oder **DEFRIENDEN,** um einiges leichter. Der Begriff drückt in seiner Sachlichkeit bereits die bei dem Vorgang herrschende Distanz aus, der mit wenigen Mausklicks offiziell abgeschlossen ist, ohne dass große Aussprachen oder Streit nötig sind: Bist du dir sicher, dass du den Kontakt als Freund entfernen möchtest? Ja.

FACEBOOKEN [*zu Facebook*] Wer auf Facebook Freunde trifft, seinen Status ändert, Einträge kommentiert, Bilder einstellt, Gruppen betritt und Veranstaltungen hinzufügt, der face-bookt. Das umfasst alle Aktivitäten, die man in diesem international boomen-den ↑**SOCIAL NETWORK** ausüben kann. Aber Vorsicht: Die Suchtgefahr ist sehr hoch. Oft kann man sich nur schwer davon losreißen, zu schauen, was andere gerade machen, Mails zu verschicken, zu chatten oder lustige ↑**WIDGETS** auszuprobieren. ↑Abbil-dung S. 16

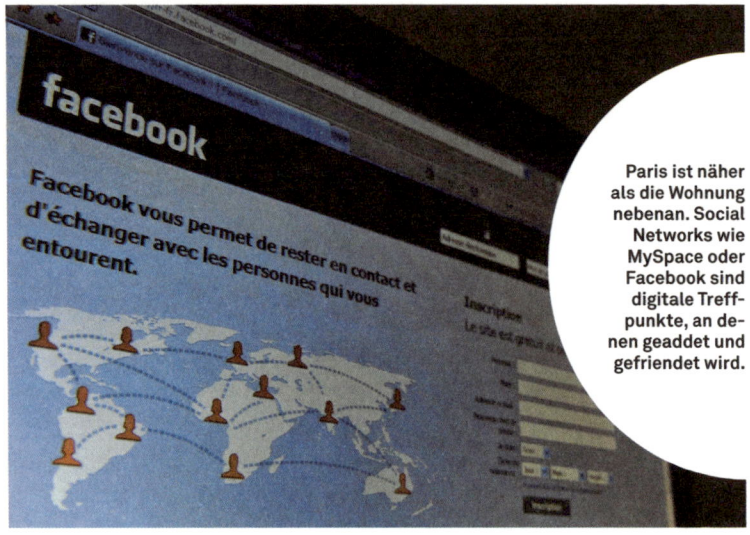

Paris ist näher als die Wohnung nebenan. Social Networks wie MySpace oder Facebook sind digitale Treffpunkte, an denen geaddet und gefriendet wird.

FAKE-ACCOUNT [*Zusammensetzung aus engl. fake = falsch und engl. Account = Benutzerkonto*] In einigen ↑SOCIAL NETWORKS ↑CYBERSTALKT es sich nicht ganz so entspannt, weil der Gestalkte automatisch deinen Besuch auf seiner Seite angezeigt bekommt. Das gilt es natürlich zu vermeiden, wenn man z. B. den neuen Schwarm oder den Exfreund ausspionieren will, ohne als Psycho oder Stalker zu gelten. Dann benötigt man einen Fake-Account, also ein Profil, das man unter falschem ↑NICKNAMEN erstellt, um dann unerkannt und ausgiebig über die Seiten der anderen surfen zu können. Diese falsche Netzidentität nennt man auch **SOCKENPUPPE.** Hartnäckig hält sich das Gerücht, dass viele Personalverantwortliche in Unternehmen Fake-Accounts u. a. bei StudiVZ haben, um die ↑DIGITAL REPUTATION von Bewerbern zu checken.

FAMILIENMANAGERIN Sich um Haushalt und Kinder zu kümmern, kann ein respektabler Fulltime-Job sein. Deshalb will, lange nach der Emanzipationsbewegung, keine Frau mehr als »Hausfrau« abgewertet werden. Dieser antiquierten Bezeichnung heften ein Mangel an Bildung, das Erledigen niederer Arbeiten und die Geringschätzung der Tätigkeit an. Mit der begrifflichen Aufwertung zur Familienmanagerin wird ein Paradigmenwechsel vollzogen, der Organisationstalent, psychologisches Geschick und Führungsqualitäten herausstellt – alles, was auch ein Manager in einer leitenden Position vorweisen muss. Geprägt wurde der Euphemismus übrigens durch einen Wettbewerb, der von einer Zeitschrift und einem Staubsaugerhersteller ins Leben gerufen wurde.

FERNBEZIEHUNG Die berufliche Zukunft verlangt zunehmend nach örtlicher Flexibilität. Gleichzeitig verhilft die globale und mediale Vernetzung, Menschen aus verschiedenen Landstrichen und Kulturkreisen zusammenzufügen. So kommt es, dass immer mehr Paare örtlich getrennt in einer Fernbeziehung leben. Um dieses Phänomen herum hat sich auch der Begriff **LAT** entwickelt: Living apart together.

FESTNETZEN HANDYFONIEREN ist heutzutage ein griffiges Wort für »mit dem Handy telefonieren«. Schon seit mehreren Jahren gebräuchlich, hat es endlich seinen konservativen Widerpart gefunden: Festnetzen bedeutet schlicht, mit dem guten, alten Haustelefon, also per Festnetz zu telefonieren: »Lass uns heute Abend noch mal festnetzen, ich bin gerade in der Uni.«

FRIENDEN [*zu engl. friend = Freund*] Das Prinzip sozialer Netzwerke ist – richtig: das Vernetzen. Da das Wort aber wie verbekanntschaften etwas unpersönlich klingt, sagt man einfach frienden. Für viele User gilt mittlerweile die Regel: Wer viele Freunde hat, hat viel Ansehen. In den Communitys des †**WEB 2.0** fällt dabei auch sonst eher schüchternen Menschen die Kontaktaufnahme ganz leicht. Denn eine Abfuhr kratzt hier nicht am Ego. Wenn dich also plötzlich der Langweiler, der in Mathe immer schräg vor dir gesessen hat und dessen Namen dir vor der Freundschaftsanfrage komischerweise gar nicht bekannt war, †**ADDEN** will, dann kannst du die Anfrage einfach ignorieren. Aber da die virtuelle Präsenz in der Freundesliste zum Glück nicht bedeutet, dass man ab jetzt jeden Samstag zusammen shoppen geht und um die Häuser zieht, wird er aus Mitleid gefriendet. Und wer weiß, vielleicht kennt er ja wiederum jemanden, mit dem sich das **VERFREUNDEN** lohnt?! Und wenn nicht, kannst du ihn ja einfach wieder **DEFRIENDEN.**

GENDER-BENDER [*Zusammensetzung aus engl. gender = soziales Geschlecht und to bend = sich biegen*] »Vor dir hatte ich nur drei feste Beziehungen: Jenny, Nina – und Thomas«. Unter ↑**TWENTYSOMETHINGS** sind derartige Bekenntnisse des neuen Lebensabschnittspartners nicht ungewöhnlich und schon lange nicht mehr schockierend. Besonders im gefühlvollen, androgynen Umfeld der männlichen ↑**EMOS** scheinen Geschlechtergrenzen zu verschwimmen. Sie tragen Make-up, Lipgloss und Handtaschen und treiben sich an den Ufern beiderlei Geschlechts herum. War die Knutscherei unter Freundinnen früher nur Mädchen vorbehalten, die damit gern die Jungs provozierten, sieht man heute im Indie-Schuppen immer häufiger Männer, die sich aus einer Laune heraus die T-Shirts vom Leib reißen und auch schon mal den besten Freund küssen. Ihre ↑**SEXUALTAKTUNG** legt sich nicht auf homo-, hetero- oder bisexuell fest. Gender-Bender steht in der Geschlechterforschung für das Aufweichen von biologischem (angeborenem) und soziologischem (anerzogenem) Sexus. Das soziale Geschlecht ist frei wählbar, denn nach Meinung der Forscher trägt jeder Mensch beide Geschlechter in sich.

GEPSYCHT [*zu engl. psyche = Psyche*] Der moderne Mensch leidet unter Dauerstress – die Balance zwischen Arbeit, Studium, Beziehung, Freundschaftspflege und vielleicht noch Familie verlangt ihm einiges ab. Mal ist es Leistungsdruck, der überfordert, mal ist es der volle Terminplaner, der in der ↑**TWENTYFOURSEVENKULTUR** keine Luft zum Atmen lässt, mal ist es eine schwierige Liebesbeziehung, die viele Nerven kostet. Daher trifft die Aussage »Ich bin gestresst« nicht immer den Punkt. »Ich bin gepsycht« hingegen lässt keinen Zweifel daran, dass der Stress nicht ohne Folgen bleibt und sofort auf die Psyche und die geistige Befindlichkeit durchschlägt.

GRUSCHELN [*Zusammenziehung aus grüßen und kuscheln*] Mitglieder der Internetcommunity StudiVZ können die Gruschelfunktion nutzen, um Freunde zu grüßen, ohne eine Nachricht zu hinterlassen. Der Gegruschelte wird dann bei Anmeldung auf seiner Startseite mit der Meldung »Du wurdest gegruschelt« begrüßt und kann,

Im Gender-Bender wird Identität zur Designaufgabe. Geschlecht ist, was du draus machst. Heute Rambo, morgen Rotkäppchen.

wenn er möchte, zurückgruscheln. Die Bedeutung einer herzlichen Umarmung oder eines Zeichens inniger Zuneigung haben inzwischen weitere, nach gleichem Vorbild gebildete Begriffe, die vor allem in der Internetkommunikation üblich geworden sind. So ist **DRUTSCHEN** eine Zusammenziehung aus drücken und knutschen, die gerne zur Verabschiedung aus dem Chat genutzt wird. Wesentlich intimer ist dagegen das **KNUTSCHELN,** denn hier wird gleichzeitig geknutscht und gekuschelt.

HASSLE [*zu engl. hassle = Streit, Stress*] Wer im Beziehungsalltag das x-te Mal die offen gelassene Zahnpastatube oder das nicht weggebrachte Altglas anmahnt und so einen Streit vom Zaun bricht, kann in der heutigen Zeit zu hören bekommen: »Das ist mir zu viel Hassle!« oder »Hassle mich nicht!« Was will der Partner damit sagen? Eigentlich nur, dass ihm der Streit mit zu viel Energieaufwand verbunden ist und er sich von dem Thema gestresst fühlt. Die einzige Aussicht auf Versöhnung besteht dann wohl im ↑**ZWEINIGEN.** Und wem beispielsweise der Job zu viel Hassle ist, sollte sich ernsthaft mit dem Thema ↑**DOWNSHIFTING** auseinandersetzen.

HATEN [*engl. to hate = hassen*] Das englische Verb »to hate« bezeichnet das abgrundtiefe verabscheuende Hassen. Neudeutsch erhält der gefühlsstarke Ausdruck eine abgeschwächte Bedeutung. Wer alles schlechtmacht, was ihm in die Quere kommt, der hatet und ist somit ein **HATER.** In Foren oder Communitys gelten solche Menschen, die Unfrieden säen und nur darauf aus sind, andere zu dissen, als ↑**FLAMER.**

HOMEZONE [*zu engl. home = Zuhause und engl. zone = Bereich, Zone*] Wenn die Stammkneipe in der Nähe der Wohnung ist, kann es sein, dass man sich dort in doppelter Hinsicht wie zu Hause fühlt. Denn möglicherweise befindet man sich dort in seiner mit dem Telefonanbieter vertraglich vereinbarten Homezone, also dem Bereich, in dem man zum Festnetzpreis mit dem Handy telefonieren kann. Auch wenn die Zeiten vorbei sind, in denen die Homezone die ganz Stadt abdeckte, ist es immer noch spannend zu sehen, wo man von seinem Telefon überall als beheimatet erkannt wird.

INSTANT MESSAGING [*engl. für: sofortige Nachrichtenübermittlung*] ICQ, Skype oder Yahoo Messenger – Programme zum Chatten und Nachrichtenversenden – gibt es viele. Die Software dafür lädt man sich kostenlos aus dem Web herunter und installiert sie auf dem eigenen PC. Nun können, sobald eine Verbindung zum Internet besteht, Nachrichten zwischen angemeldeten und befreundeten Nutzern, die ebenfalls gerade online sind, direkt ausgetauscht werden. Über diese Programme können auch Dateien, Audio- und Videostreams und andere Dokumente verschickt werden. Dies funktioniert nicht nur schneller, sondern schafft auch größere Datenmengen als E-Mails. Der Clou aber ist, dass man auch dann, wenn man allein zu Hause sitzt, immer und jederzeit Kontakt zu Freunden herstellen kann. Chattet man dann mit mehreren Personen womöglich noch über verschiedene IMs, leidet man schnell unter ↑CHATLAG.

KIDDYBOARD [*von engl. kiddy = Kind und engl. board = Brett*] Diese Erfindung hat schon vielen Müttern das Nervenkostüm bewahrt. Beim Kiddyboard handelt es sich um ein kleines Rollbrett, das am Kinderwagen befestigt wird. Auf diesem kann die ↑LATTE-MACCHIATO-MAMA auch das größere Kind, wenn es keine Lust mehr hat zu laufen, zwischen sich und der Karre bugsieren und es zusammen mit dem Baby geschmeidig nach Hause schieben. Keine Tränen beim Kind, keine Stressflecken bei Mama: Frieden und Harmonie bei allen Beteiligten.

KOPFKINO Das Kino im Kopf springt immer dann an, wenn man sich Sorgen macht, Horrorszenarien heraufbeschwört oder sich besonders viele Gedanken um eine Sache macht. Dabei ist das oftmals unnötig oder grundlos. Wer zu Eifersucht neigt, bei dem läuft besonders häufig Kopfkino ab. Geht der Partner nicht ans Handy, wälzt er sich natürlich mit seiner Sekretärin im Bett, sagt er die Verabredung spontan ab, will er Schluss machen. Dabei sagen Statistiken, dass das, was man sich in den buntesten Farben ausmalt, in 80% der Fälle sowieso nicht eintritt.

KUSCHELPARTY Kuschelpartys haben ihren Ursprung in den USA, da dort die gesellschaftliche Meinung vorherrscht, körperlicher Kontakt sei ab dem 12. Lebensjahr bis zur Eheschließung einzuschränken – von institutionalisierten Orgien wie z. B. dem Spring-Break mal abgesehen. Dabei haben wissenschaftliche Studien bewiesen, dass Menschen, die häufig in den Arm genommen und mal so richtig geherzt werden, gesünder und ausgeglichener sind als andere, denen solches nicht widerfährt. Ein guter Grund also, Veranstaltungen zu organisieren, auf denen sich die Teilnehmer zum freundschaftlichen Kuscheln und Schmusen in großen Gruppen verabreden. Auch in Deutschland bringen Kuschelpartys Großstädter, die sich in der urbanen Anonymität einsam und ungeliebt fühlen, zusammen. Aber nicht ohne Regeln: Teilnehmer müssen den anderen um Erlaubnis fragen, bevor sie ihn berühren dürfen, ein »Nein« gilt es zu respektieren. Küssen ist erlaubt, Sex jedoch ein absolutes ↑NO-GO. Also rein in den ↑PYJAMALOOK und friedvoll losgekuschelt.

MASKULIST Der männliche Antifeminist kämpft dafür, dass die seit dem Aufkommen des Feminismus ordentlich gescholtenen Herren der Schöpfung wieder zu mehr Rechten gelangen. In der ganzen Frauenrechtsdebatte scheint nämlich eines untergegangen zu sein: gleiches Recht für alle. Im Kampf um die Gleichberechtigung der Geschlechter sind die Männer, jedenfalls in den Augen des Maskulisten, immer mehr in den Hintergrund gerückt und vernachlässigt worden. Es ist Zeit, dass sich nun, wo die Frauen selbst in der masku-

linsten aller Sportarten, dem Fußball, den Männern den Rang ablaufen und selbst in der Wirtschaft immer mehr Frauen in Führungspositionen vorrücken (↑WOMENOMICS), wieder jemand um das ehemals starke Geschlecht kümmert. Dafür kämpfen die Maskulisten mit gleichen Mitteln wie früher die Feministinnen für die Rechte der Frauen.

MEETEN [*zu engl. to meet = treffen*] Wer einen Bürojob hat, kennt das: Man rennt von Besprechung zu Besprechung und nennt das Ganze dann Meeting, weil alle Meeting sagen und es sich auch noch etwas mehr **BUSINESSLIKE** anhört. Was im Arbeitsumfeld schon lange gang und gäbe ist, hat auch andere Bereiche erreicht, in denen reale soziale Kontakte gepflegt werden. Man meetet: mit Freunden, mit Eltern, mit der Lerngruppe. Was sich gesprochen anhört, als wolle man sich selbst kostenpflichtig ausleihen, heißt nichts anderes als: Man trifft sich. Und wo wir schon bei Bürojargon sind, der in die Alltagssprache durchsickert: Das Briefing, ursprünglich eine Bezeichnung für eine Arbeitsanweisung, findet auch nicht mehr nur im ↑KICK-OFF-MEETING eines Projektes statt. Heutzutage werden auch Freunde **GEBRIEFT,** welches Bier oder welche Pizza sie einem von der Tanke mitbringen sollen.

MIMSEN Wenn Simsen das Verschicken von SMS meint, steht das analog gebildete Mimsen für das Versenden von Bildern, Fotos und Videos per MMS (Multimedia Messaging Service). Das Mimsen von Fotos aus dem Urlaub ist besonders als Ersatz für die Grußpostkarte beliebt. Jugendliche verschicken dagegen nicht selten auch MMS mit zweifelhaftem Inhalt. Unter Teenies boomt gerade das Verschicken von erotischen oder pornografischen Bildchen aus dem Kinderzimmer, das sogenannte ↑SEXTING, das den berühmten Willst-du-mit-mir-gehen-Zettel abgelöst hat und gleich mit harten Fakten argumentiert.

MINGLE [*Zusammenziehung aus engl. mixed single = gemischt Alleinlebender*] Selbstverwirklichung, Freiheit und Unabhängigkeit stehen hoch im Kurs. Auch in einer Partnerschaft möchten manche Menschen ihre Freiheit nicht missen und entscheiden sich daher bewusst dazu, in getrennten Wohnungen zu leben und damit das Beste aus zwei Welten zu vereinen. Auch als **LATS** (Abk. für engl. living apart together) bezeichnet sehen diese Pärchen durch die räumliche Distanz

den Erhalt ihrer Liebe gewährleistet. Zwischen Single-Dasein und Pärchenlifestyle existieren mittlerweile viele weitere liberale Beziehungszwischenformen wie die Wortneuschöpfungen **FRIENDS WITH BENEFITS, ↑CASUAL DATING** und **↑COHAB** zeigen.

MOF [*Abkürzung für: Mensch ohne Freunde*] Ein MoF ist ein Mensch ohne Freunde. Diese Abkürzung wird besonders in der ökonomischen Internet- und Handysprache als abwertendes Schimpfwort gebraucht. Wer allerdings durch Uni, Beruf oder **↑SOCIAL NETWORKS** seine realen sozialen Kontakte vernachlässigt, der kann im **↑FIRST LIFE** wirklich zum MoF werden.

NIFTEN [*Zusammensetzung aus Nichten und Neffen*] Brüder und Schwestern sind Geschwister, so viel ist klar. Doch wie bezeichnet man den Haufen Nachwuchs, der uns, ob blutsverwandt oder nicht, zu Tante oder Onkel macht? Weil sowohl die Kinder der eigenen Geschwister als auch der Nachwuchs aus der angeheirateten Verwandtschaft des Partners landläufig als Nichten und Neffen bezeichnet werden, kommt da auf mancher Familienfeier eine ganze Horde zusammen. Für das, was früher schlicht

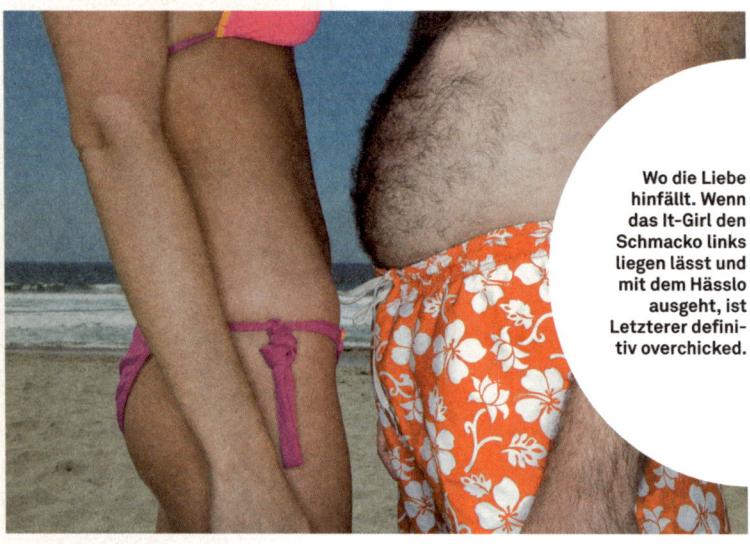

Wo die Liebe hinfällt. Wenn das It-Girl den Schmacko links liegen lässt und mit dem Hässlo ausgeht, ist Letzterer definitiv overchicked.

Mischpoche genannt wurde, setzt sich heute der Sammelbegriff Niften durch.

OFFSEASON [*engl. off season = Saisonpause*] Für Wintersportler ist der Sommer ganz klar die Nebensaison, weil jahreszeitenbedingt keine Wettkämpfe stattfinden. Vom Sport ist die Offseason in die Partnerschaft gewandert und bezeichnet hier die berühmte Auszeit oder Beziehungspause. Ob sich danach wieder eine Hauptsaison anschließt, hängt ganz vom Trainingszustand der Kontrahenten ab.

OPFER Im Gegensatz zum klassischen Opfer, das unverschuldet ein Verbrechen erleiden muss, wird so nun auch betitelt, wer in den Augen anderer als Loser seine Randgruppenlage selbst verschuldet hat. Der Ausdruck findet Verwendung als Schimpfwort (»Du Opfer!«), als Adjektiv, wenn etwas besonders schlimm oder extrem schlecht ist (»Ist ja voll opfer, Alter«) und wird teilweise auch als freundlich gemeinte Anrede im Sinne von »Alter« verwendet (»Hey, Opfer, kommst du mit in die Cafeteria?«). Da der Apfel bekanntlich nicht weit vom Stamm fällt, hat sich als Steigerungsform der ↑**AMTLICHEN** Beleidigung der Ableger **OPFERKIND** entwickelt. Wird jemand zusätzlich von anderen abgezogen, verprügelt oder gedemütigt, steigt er zum ↑**MOPFER** ab.

OVERCHICKED [*zu engl. chick = ugs. Mädchen*] Gegensätze ziehen sich an, sagt der Volksmund. Und doch mag man sich nicht an den Anblick gewöhnen, wenn der untersetzte Greis mit der blonden Schönheit am Arm auftaucht. Wenn ein Mann eine wesentlich attraktivere Freundin hat, die offensichtlich in einer ganz anderen Liga spielt, dann ist er overchicked. Allem Neid zum Trotz erfährt Mann durch die attraktive Begleitung als Statussymbol oftmals durchaus ein Upgrade.

PÄRCHENTERROR Mit Pärchenterror bezeichnen Singles die Omnipräsenz glücklicher Paare, die besonders im Frühling wieder aus ihren Löchern hervorkommen und die Parks, Cafés und Ikeas dieser Welt knutschend, kuschelnd und Händchen haltend für sich vereinnahmen. Überempfindliche Singles sehen darin eine Provokation: Die Pärchen wollen den Singles ihr Dasein als Personen ohne Beziehung vor Augen führen. Unter Pärchenterror

kann der Alleinstehende auch in seinem eigenen Freundeskreis leiden, und zwar immer dann, wenn Ausgehvorschläge und Einladungen mit der Begründung »Wir machen es uns heute Abend zu zweit auf dem Sofa gemütlich« abgelehnt werden.

PICK-UP-ARTIST [*zu engl. to pick up = aufheben, aufsammeln und engl. artist = Künstler*] Der ↑**CHICKMAGNET** versteht es, auf wundersame Weise Frauen um sich zu scharen. Der Pick-up-Artist ist ebenfalls ein Womanizer, aber er zeichnet sich noch durch einen weiteren Charakterzug aus: Er ist das, was gemeinhin als »gut im Bett« gewürdigt wird. Er versteht die Kunst der Verführung und weiß genau, wie er eine Frau beglückt. Daher hat dieser Typ ein erfülltes Sexualleben. Sein Wissen behält er aber nicht für sich, sondern teilt es mit der Männerwelt und bietet Tipps im Internet an.

PIENSJE [*von landschaftlich piensen = mit weinerlicher Stimme klagen, jammern*] Das lautmalerische Verb »piensen« bezeichnet im mittel- bzw. niederdeutschen Sprachraum das Sprechen mit weinerlicher Stimme. Wer sich also ständig beklagt, jammert, rumnölt, den anderen die Schuld in die Schuhe schiebt, sich selbst bemitleidet und nichts anderes macht, als die ganze Zeit zu ↑WHINEN, ist ein Piensje.

PLAYER [*engl. ugs. für: Aufreißer*] Als handele es sich dabei um einen Sport, versucht der **STYLO** Casanova, eine Frau nach der anderen abzuchecken, wobei ihn deren innere Werte nur sekundär interessieren. Ein Player kann smart und charming sein, aber auch in extrem maskuliner Variante auftauchen. Dieser Aufschneidertyp ist an seinem oftmals testosteronschwangeren, breitbeinigen Gang und dem prolligen Imponiergehabe schon von Weitem erkennbar. Auch wenn der Player sich selbst unwiderstehlich findet, wirkt er nicht auf jede Frau wie ein ↑CHICK-MAGNET.

POKEN [*engl. to poke = stochern, stöbern*] Jeder ist heute in mindestens einem sozialen Onlinenetzwerk zugange und gibt neuen Bekanntschaften eher preis, unter welchem ↑NICK-NAMEN sein Profil zu finden ist, als dass er seine Handynummer rausrückt. Mithilfe eines kleinen USB-Sticks geht das ↑ADDEN neuer Kontakte nun noch schneller. Der Stick hat das bevorzugte Onlineprofil bereits gespeichert und überträgt bzw. empfängt durch Berührung mit einem anderen sogenannten Poken die Kontaktdaten. Dann muss er nur noch an den PC angeschlossen werden und schon steht neuen Onlinefreundschaften nichts mehr im Wege. Selbst das Händeschütteln erledigt heutzutage der USB-Stick für den User.

PUSSY [*engl. ugs. für: weibliche Katze oder Vagina*] Pussy hat gleich mehrere Bedeutungen. Wie im Englischen bezeichnet es auch bei uns umgangssprachlich die weiblichen Genitalien und kann so erweitert auch als abwertende Bezeichnung für Frau gebraucht werden. Neuerdings betitelt es aber auch einen Mann, der sich memmenhaft ziert und rumzickt wie ein Mädchen, kurz: ein Weichei oder einen Schlappschwanz.

QUEER [*engl. queer = seltsam, sonderbar, verrückt*] Als queer gelten Dinge, Handlungen oder Personen, die von der Norm abweichen. Ursprünglich wurde der englische Begriff, ähnlich dem deutschen »schwul«, zunächst als negativer, abwertender Ausdruck für homosexuell gebraucht. In Zeiten des ↑GENDER-BENDER hat das Wort allerdings eine Bedeutungsaufwertung erfahren und wird nun stolz für Homo-, Bi- und Transsexuelles gebraucht.

SCHLUSSWUNDE Angelehnt an die physische, durch Klein- oder Großkaliber verursachte Schusswunde, bezeichnet die Schlusswunde die psychische Wunde, die entsteht, wenn eine Liebesbeziehung beendet wird. Sie hinterlässt zwar keine sichtbaren Narben, aber gebrochene Herzen. Und die brauchen manchmal viel länger, bis sie verheilt sind.

SCHMACKO Männer finden es oft wenig schmeichelhaft, von Frauen als »Süßer« bezeichnet zu werden. Heißt es von einem Mann in der ebenfalls verniedlichenden Umschreibung, er sei ein Schmacko, heißt das nichts anderes, als dass er lecker – im Sinne von gut aussehend – ist. Als Adjektiv bedeutet **SCHMACKO** ebenfalls lecker im Sinne von schmackhaft und kann dann, ganz ohne Hintergedanken, auf süße wie saure Delikatessen bezogen werden.

SEXTING [*Zusammensetzung aus Sex und engl. ugs. texting = SMS schreiben*] Wer kleine unanständige Fotos von sich per Handy an den Schwarm versendet, der textet nicht, sondern er sextet. Sexting ist besonders unter Teenies beliebt, hier boomt der Austausch von Bildchen vom halbnackten Absender per Handy oder E-Mail.

Längst hat der gute alte Willst-du-mit-mir-gehen-Zettel ausgedient. Heute werden knallharte erotische Fakten aus dem Kinderzimmer verschickt, um den anderen für sich zu begeistern. Doch darin liegt auch die Gefahr: Zum einen kursieren diese aus einer Laune heraus entstandenen Aufnahmen meist noch Jahre in der Schule oder im Internet, zum anderen verstoßen die Minderjährigen damit gegen das Gesetz. Schon jetzt gibt es die ersten aufsehenerregenden Gerichtsfälle, wo die jugendlichen Sender und Empfänger dieser Fotos unter dem Vorwurf der Kinderpornografie angeklagt wurden.

SEXUALTAKTUNG Ob Bondage, SM oder Swinger – sexuelle Neigungen sind vielfältig und grenzenlos. Dank Internet und der Möglichkeit des ↑ALTERNATIVE DATINGS findet jeder per Mausklick den passenden Sexpartner zu den eigenen Vorlieben. Aber nicht nur die bevorzugte Bettakrobatik wird mit Sexualtaktung bezeichnet, auch die generelle sexuelle Orientierung ist damit gemeint. Wer heute nach homosexuellen Erfahrungen fragt, bekommt nicht selten geschlechterübergreifende Geschichten zu hören. ↑GENDER-BENDER wird immer mehr zur akzeptierten Lebensform.

SINGLEBÖRSE Angeblich lernt mittlerweile jeder Dritte seinen Partner per **ONLINEDATING** kennen. Zu jedem Topf gibt es im Internet zumindest eine passende Singlebörse, wo nach Wohnort (MuenchnerSingles.de), Konfession (ChristsuchtChrist.de) oder Bildungsgrad (Elitepartner.de) unterschieden wird. Ob solche Datingplattformen eine Resterampe für eingeschüchterte ↑MOFS sind, hauptsächlich sexuelle Kontakte herstellen oder tatsächlich helfen, Mr. Right ähnlich einer Katalogbestellung mit einem Klick ins eigene Leben downzuloaden: Darüber gehen die Meinungen weit auseinander.

SKYPEN Internettelefonie, auch **VOIPEN** [kurz für engl. Voice over Internet Protocol] genannt, ist die Rettung für alle Auswanderer, Erasmusstudenten und Fernbeziehungsführenden. Marktführend in diesem Segment ist die 2004 erschienene Gratis-Software Skype, die kostenloses Telefonieren zwischen Nutzern sowie gebührenpflichtiges Telefonieren ins Fest- oder Mobilfunknetz ermöglicht. So ist Skypen mittlerweile zum Synonym für Internettelefonie geworden. Im Unterschied zur normalen Telefonie kann man nach Installation einer Webcam auch Videoanrufe tätigen. Gleichzeitig dient Skype als

INSTANT MESSENGER, der besonders wegen seiner Rückversicherungsfunktion über die Anwesenheit und Verfügbarkeit des Gegenübers vor dem Anruf und zum Austausch von Dateien beliebt ist.

SMEXY [*Zusammenziehung aus engl. smart = klug und engl. sexy*] Smexy ist ein charmanteres Kompliment als sexy, denn es bewertet das Objekt der Begierde nicht nur oberflächlich nach dem Aussehen, sondern zusätzlich nach inneren Werten. Ein smexy Typ ist also das volle Paket: sieht gut aus und ist noch dazu schlau, witzig und nett.

SMIRTING [*Zusammensetzung aus engl. to smoke = rauchen und to flirt=flirten*] Das **NICHTRAUCHER-SCHUTZGESETZ** hat die Raucher aus den Lokalen vor die Tür verbannt. Das gemeinsame Rauchen außerhalb der Kneipe oder des Restaurants schafft Gemeinsamkeit und Gesprächsstoff. Das sind beste Flirtvoraussetzungen, denn wenn man sieht, dass sich die gut aussehende Dame oder der nette Herr zigarettenbewaffnet auf den Weg zum Eingang machen, kann man gleich hinterherlaufen und »hast-du-mal-Feuer-mäßig« anbandeln. Smirting, die Kombination aus

Rauchen und Flirten, ist somit ein positiver Nebeneffekt der Raucherverbannung. Nicht rauchende Singles schauen dabei in die Röhre, denn die stehen drinnen, während der Auserkorene draußen schon seine Telefonnummer weitergibt.

SOCIAL BOOKMARK [*zu engl. social = sozial und to bookmark = etwas mit einem Lesezeichen versehen*] Damit man die Lieblingswebseiten leichter findet, gibt man ihnen digitale Lesezeichen – man bookmarkt sie. Über den Browser werden sie dann im eigenen Favoritenordner gespeichert. Im übertragenen Sinn kann das Wort für alle Formen des »Sich-etwas-Merkens« verwendet werden. Das ↑WEB 2.0 macht das Bookmarken gleichzeitig zu einem Communityphänomen. Auf SOCIAL-BOOKMARKING-SEITEN wie delicious.com oder mister-wong.de wird gemeinschaftlich indiziert, um Tipps und Erfahrungen über die besten Webseiten zu bestimmten Themen zu sammeln. Die Links in den so entstehenden ↑FOLKSONOMIEN können im Unterschied zum Favoritenordner online von jedem Computer aus erreicht werden.

SOCIAL NETWORK [*engl. für: soziales Netzwerk*] Im ↑WEB 2.0 treffen Menschen aufeinander, die sich im realen Leben vielleicht niemals begegnet wären. Dieser Umstand ist den Social Networks zu verdanken. Netzwerkseiten wie MySpace, Facebook, XING oder StudiVZ werden von Millionen Menschen genutzt, um Freundschaften und Geschäftskontakte zu pflegen, Diskussionen zu führen oder Daten auszutauschen. Die Beliebtheit der Austauschplattformen lässt sich auch mit Zahlen belegen: So sind bereits allein in Deutschland die Hälfte aller unter 30-Jährigen Mitglied einer Onlinecommunity, jeder Zehnte davon ist auf vier oder mehr Netzwerken aktiv. Die Vielzahl an Bekanntschaften bedeutet aber nicht, dass man mit allen gut Freund sein muss. Vielmehr lassen sich im Netzwerk perfekt ↑WEAK TIES managen und bei Bedarf aktualisieren. Das gute, alte Vitamin B wird damit zum Vitamin B 2.0.

SOCIAL SOFTWARE [*zu engl. social = sozial*] Der Erfinder des World Wide Web, Tim Berners-Lee, brachte die soziale Komponente des Internets einst mit dem Satz »The web as interaction between people is really what the web is« auf den Punkt. Aber erst durch Social Software wurde dieser Aspekt auch für eine breite Masse erfahrbar. Der Terminus selbst ist mehr als ein modisches Schlagwort denn als exakter technischer Begriff zu verstehen und umfasst all jene Anwendungen, die der menschlichen Kommunikation und Zusammenarbeit dienen. Die prominentesten Vertreter im ↑WEB 2.0 sind ↑WIKIS, Blogs und ↑SOCIAL NETWORKS, aber auch ältere Systeme wie z. B. Foren und ↑INSTANT MESSAGING werden darunter gefasst.

SPEEDDATING [*Zusammensetzung aus engl.* speed = *Schnelligkeit und engl.* date = *Verabredung*] Heutzutage muss alles immer ganz schnell gehen. Leistungsorientierung und Effizienzsteigerung sind die Antriebskräfte der Gegenwart. Und wer hat im Internetzeitalter, in dem schnelle SMS- oder Twitterkommunikation unser Leben bestimmen, noch Zeit für die intensive, langwierige Suche nach Mr. oder Mrs. Right? Selbst das »Leutekennenlernen« muss heutzutage im Eiltempo vollzogen werden. Bloß keine Zeit vergeuden. Genau das ist die Idee von Speeddating: In kurzer Zeit gilt es, Gemeinsamkeiten mit möglichst vielen potenziellen Partnern abzugleichen. Auf diesen kommerziell organisierten Veranstaltungen treffen Männer und Frauen in gleicher Anzahl aufeinander. Im Folgenden lernt jede Dame jeden der anwesenden Herren kennen, indem reihum durchgewechselt wird. Sobald ein Gong ertönt, haben die Kandidaten ein paar Minuten Zeit, miteinander zu plaudern und den Funken überspringen zu lassen, bevor zum nächsten Kandidaten gewechselt wird. Am Ende wird auf einem Zettel notiert, welchen der Gesprächspartner man gerne wiedersehen würde. Besteht auf beiden Seiten Interesse an einem zweiten Treffen, so erhalten die Teilnehmer einen Brief mit den Kontaktdaten des jeweils anderen.

STICHLÄSSER Das kennt jeder: Man ist mit dem Kumpel verabredet, aber der kommt nicht. Man zieht um, aber die Hälfte der angekündigten Helfer erscheint nicht. Das muss nicht unbedingt heißen, dass man die falschen Freunde hat, aber auf jeden Fall setzen sie andere Prioritäten, was die Freundschaft dann durchaus hinterfragungswürdig macht. Endlich gibt es ein Substantiv für alle diejenigen, die einen im Stich lassen, das auch sehr gut als Beleidigung und Vorwurf bei mangelndem Support eingesetzt werden kann: Stichlässer. Stichlässer sind definitiv keine Freunde, mit denen man Pferde stehlen kann. Sie würden sich wohl schon beim Sprung übers Gatter in Luft auflösen.

Nur keine Zeit verlieren. Beim Speeddating verschaffen sich ungebundene, aber bindungswillige Menschen einen ersten Eindruck voneinander.

STUDELN [*zu StudiVZ*] Böse Zungen nennen StudiVZ und SchülerVZ auch **STASIVZ,** da man mittels dieser ↑**SOCIAL NETWORKS** neue und alte Bekannte hervorragend ausspionieren kann. Dazu klickt man einfach auf die ↑**NICKPAGE** der auserkorenen Person und bekommt durch dessen Mitgliedschaft in Gruppen, Anzahl der Freunde, Fotoalben und Einträge auf der Pinwand einen umfassenden Eindruck davon, mit wem man es zu tun hat. So weiß man gleich, ob sich ein Date lohnt oder ob man den Bewerber zum Mitbewohnercasting einladen soll. Hat man mit der Zielperson viele Übereinstimmungen, gleiche Hobbys und Interessen, so kann man sie ↑**GRUSCHELN** und gleich als Freund hinzufügen. Alle Aktivitäten auf SudiVZ fasst der Begriff Studeln als harmlose Form des ↑**CYBERSTALKINGS** und beliebte Freizeitbeschäftigung zusammen.

SUPPORTEN [*zu engl. to support =
unterstützen*] Sprachkritikern hierzulande ist der wachsende Gebrauch
von Anglizismen schon länger ein Dorn
im Auge – zumal es ihrer Ansicht nach
in vielen Fällen ein deutsches Wort
gibt, das denselben Zweck erfüllt.
Deutsche Entsprechungen zu dem
Begriff supporten wären dann wohl
Wörter wie unterstützen oder anfeuern. Den Sprachpuristen zum Trotz
supporten junge Menschen hingebungsvoll alles vom Freund über den
Lieblingsladen bis hin zur Lieblingsmannschaft.

TWEEPLE [*Zusammensetzung aus
Tweet und engl. people = Menschen*] User des neuen Mikrobloggingsystems **TWITTER,** die 140 Zeichen
umfassende Statements via Internet
oder Handy posten oder empfangen,
werden Tweeple genannt. Etwas weniger kreativ, aber dafür eingedeutscht spricht man auch von **TWIT-
TERERN.**

TWITTERN [*zu engl. to twitter = zwitschern*] Als neueste Ausprägung des
↑**WEB 2.0** oder des »Social Web«
hat sich das **MIKROBLOGGING** etabliert. Durch Anmeldung und Erstellen
eines Accounts über die Onlineplattform **TWITTER** kann man Textnachrichten mit maximal 140 Zeichen per
SMS oder Web veröffentlichen, oder,
wie es im Fachjargon heißt, twittern.
Diese ↑**TWEETS** können von anderen
Benutzern abonniert werden, den sogenannten **FOLLOWERN.** So ist man
immer über die Aktivitäten und Gedanken des anderen auf dem Laufenden.
Anfänglich von Privatpersonen verwendet, setzen mittlerweile immer
mehr Firmen und Organisationen Twitter zum Marketing ein.

VERGEWOHLTÄTIGEN [*Zusammensetzung aus vergewaltigen und wohltätig*] Im Gegensatz zur Straftat wird
dem Vergewohltätigten gewaltfrei etwas aufgezwungen, das angeblich gut
für ihn ist. Das betrifft vor allem
Studenten und ↑**TWENTYSOME-
THINGS,** die studien- oder arbeitsbedingt fern ihrer Eltern wohnen. Auf Heimaturlaub werden sie von Mama dann
doppelt intensiv umsorgt und gepäppelt. Gut gemeint, ist diese Fürsorge
trotzdem manchmal einfach zu viel.
Das ständige »Iss doch noch was, Kind«,
»Soll ich dir ein heißes Bad einlassen?«
oder »Ich wasch noch schnell deine Wäsche« kann sehr kräftezehrend und alles andere als entspannend sein, weil
man sich jeglicher, hart erkämpfter
Selbstständigkeit beraubt fühlt. Mitunter kann damit aber auch gemeint sein,

dass man den Partner zum Sex überredet, der letztendlich aber freiwillig und gewaltlos vollzogen wird.

VULKANETTE Lieutenant Spock ist die rechte Hand von Captain Kirk in der berühmten Science-Fiction-Serie »Raumschiff Enterprise«. Spock ist Vulkanier und stammt vom Klasse-M-Planeten Vulkan. Mister Spuck aus der Parodie »(T)Raumschiff Surprise« hingegen ist eine Vulkanette. Die Idee stammt von Comedian Michael »Bully«

Herbig, der in seiner Kinokomödie der gesamten Raumschiffbesatzung homosexuelle Neigungen andichtete. Deswegen ist eine Vulkanette auch ein schwuler Bewohner des fiktiven Planeten Vulkan. Inzwischen ist die Wortneuschöpfung vom Kinosaal in die Alltagssprache gewandert und wird mit einem Augenzwinkern als Synonym für Homosexueller gebraucht.

WAITSTATE [*Zusammensetzung aus engl. to wait = warten und engl. state =*

140 Zeichen pro Post. Dank Microblogging-diensten kann man seiner Community immer und überall mitteilen, was man gerade so macht.

Zustand] Während der ↑ **FORT-SCHRITTSBALKEN** anzeigt, dass der Rechner mehr oder wenig fleißig an einem Download, einer Installation oder am Öffnen eines Spiels arbeitet, befindet sich der vorm Bildschirm Sitzende in einer passiven Warteposition. Dieser Zustand ist alles andere als angenehm, da er fremdverschuldet, aufgezwungen und völlig unabwendbar ist. Der verhasste Waitstate lauert aber nicht nur vor dem Computer. Er überfällt einen beim Arzt im Wartezimmer, beim Anstehen an der Supermarktkasse oder beim sehnlichen Warten auf den Anruf des potenziellen Lovers.

WEAK TIES [*engl. für: schwache Verbindungen*] Der Soziologe Mark Granovetter fand heraus, dass Arbeitsplätze, die über soziale Kontakte gefunden wurden, in der Mehrzahl nicht durch **STRONG TIES,** also starke Bindungen wie Freundeskreis oder Familie, sondern eher über lose Bekanntschaften vermittelt wurden. Die Anzahl der sogenannten Weak Ties steigt exponentiell zur Popularität von ↑**SOCIAL NETWORKS.** Die Menschen haben weniger »reale« Freunde, dafür umso mehr lose Bekanntschaften. Diese sind zwar weniger emotional, bieten dafür aber Zugang zu anderen sozialen Welten und haben, weil zahlenmäßig überlegen, im Zweifelsfall eher die entscheidende Information parat. So werden schwache Verknüpfungen zu starken Verbindungen.

WHINEN [*zu engl. to whine = heulen, jammern*] Wie bei ↑**CRANK** für krank und ↑**LAME** für lahm handelt es sich auch bei diesem Wort um einen englischen Begriff, der kaum verändert ins Deutsche übernommen wurde. Vor allem bleibt es bei der englischen Aussprache. Whinen heißt also nichts anderes als jammern, weinen oder rumheulen. Dieses Gequengel äußert sich in Form von unreflektierter Kritik oder ständigem Wehklagen über irgendwelche (Phantom)probleme. Also: Nicht so viel whinen, einfach besser machen!

ZWEINIGEN [*Zusammenziehung aus zwei und einigen*] Manche Menschen sind so seelenverwandt, dass sie sich über alles und jedes ohne viele Worte einigen können. Das Wort Meinungsverschiedenheit haben diese Leute anscheinend aus ihrem aktiven Wortschatz gestrichen. Demgegenüber gibt es Menschen, die ständig die Auseinandersetzung suchen und andere von der Richtigkeit ihres Standpunktes überzeugen wollen. Zwischen diesen beiden Extremen finden wir das Wörtchen zweinigen. Wer sich zweinigt, einigt sich darauf, unterschiedlicher Meinung zu sein. Es bleibt die Frage, was auf eine friedliche **ZWEINIGUNG** folgt? Trägt man einen unausgetragenen Konflikt mit sich herum? Macht man weiter wie bisher? Oder geht man beleidigt auseinander? Die Kunst besteht wohl wie so oft darin, die Andersartigkeit des anderen zu akzeptieren und das Beste aus der Situation zu machen. Darüber gibt es keine zwei Meinungen.

Gamer fraggen und spawnen in Bro
im Netlife. Tekkis proggen Apps ur
zu Skillern. Durch die globale Vern
lisch geprägte Computersprache, d
selbstverständlich ist.

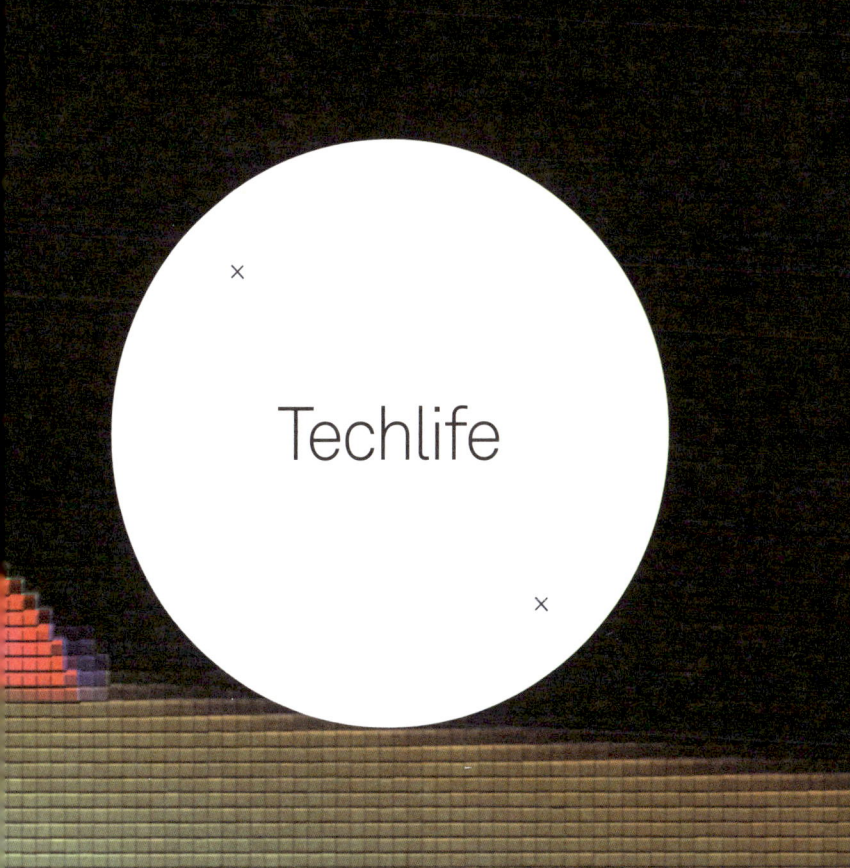

Techlife

×

×

rspielen. Knowbies flamen Noobs
apdoors. Codemonkeys leveln sich
ng im Web 2.0 entsteht eine eng-
r Digital Natives und Screenager

ABSURFEN Zum Absurfen braucht man nicht unbedingt ein Surfbrett. Ein Computer reicht auch. Im Gegensatz zum unspezifischen »im Internet surfen« bedeutet »eine Seite absurfen«, dass man sich nur auf einer Homepage bewegt. Die Verweildauer auf der Seite ist demzufolge länger, die Lektüre intensiver und das Durchklicken der Unterseiten genauer.

ADD-ON [*engl. für: Erweiterung, Zugabe*] Nicht erst seit Spielebestsellern wie »Die Sims« hat die Softwareindustrie festgestellt, dass sich mit Erweiterungspacks relativ einfach jede Menge Geld verdienen lässt. Solche **MODS,** oder genereller Add-ons, sind in der Regel billiger als das Hauptprogramm, dem sie neue Levels, Figuren oder Gegenstände hinzufügen, lassen sich aber auch nur in Verbindung mit diesem nutzen. Add-ons müssen jedoch nicht zwangsläufig kommerziell sein. Nutzern von Firefox z. B. steht eine große Auswahl an kostenlosen Erweiterungen zur Verfügung, die den Browser um so nützliche Funktionen wie u. a. Werbeblocker erweitern. Ein Add-on kann aber durchaus auch analog sein und einfach etwas bezeichnen, womit man einen vorhandenen Gegenstand ↑PIMPEN kann. Ein schicker, kleiner Button auf der urbanen Umhängetasche ist beispielsweise ein modisches Add-on, der dem gesamten Outfit zu einem Upgrade verhelfen kann.

ADMINA Der Administrator einer Homepage, eines Servers oder eines Netzwerkes wird mit Admin abgekürzt. Dabei muss es sich aber natürlich nicht immer um einen männlichen Kollegen handeln. Um dem Gleichstellungsgedanken gerecht zu werden und sexistische Diskriminierung zu verhindern, wurde für die weibliche Administratorin die Kurzbezeichnung Admina geboren.

APP [*Abkürzung für engl. application = Anwendung*] Für die populäre Blogsoftware Wordpress existiert eine Fülle kleiner Zusatzprogramme (↑WIDGETS), die deren Funktionsumfang erweitern. Das ↑SOCIAL NETWORK Facebook erlaubt mittlerweile das Hinzufügen eigener **WEBAPPLIKATIONEN.** Und Apple bietet mit dem App-Store, über den iPhone-Besitzer Software für ihr Smartphone ↑DOWNEN können, Programmierern neue Verdienstmöglichkeiten. All diese Programme und ↑ADD-ONS, die bereits bestehende Systeme um neue Features bereichern, werden unter dem Schlagwort Apps zusammengefasst.

ATTEN [*Abkürzung für: attackie-ren*] Die Kommunikation bei Online-spielen wird eher kurz und knapp ge-halten. ↑**SKILLER** wissen nämlich: Wer sich durchs Chatten ablenken lässt, kann vom Gegner leichter überrascht werden. Zur halbwegs gefahrlosen Kommunikation hat sich deshalb ein Szenejargon etabliert, der sich überwie-gend auf Abkürzungen und Anglizismen stützt. Das ökonomische Wort atten meint in dieser Sprache das Angreifen und Attackieren eines Gegners.

AUGMENTED REALITY [*engl. für: erweiterte Realität*] Wer bisher nicht reale Dinge sehen wollte, musste zu bewusstseinserweiternden Drogen greifen. Bei Augmented Reality dage-gen sorgt Computertechnik für die Hal-luzination. Bei dieser Form der erwei-terten Realität handelt es sich um eine neue Form der Mensch-Technik-Inter-aktion, bei der digital erzeugte Bilder in Echtzeit so eingefügt werden, dass sie – räumlich korrekt positioniert – das reale Bild ergänzen. So gibt es für Smartphones beispielsweise bereits Stadtbesichtigungen, bei denen zu dem jeweils mit dem Kameraobjektiv erfassten historischen Gebäuden Zu-satzinformationen eingeblendet wer-den, oder Videospiele im Freien, bei denen der Spieler virtuelle ↑**ITEMS**

sammeln muss. Um dabei Augmented Reality zu erleben, trägt der Nutzer je-doch eine spezielle Brille mit integrier-ten Minidisplays und, da hier die Ent-wicklung noch in den Kinderschuhen steckt, einen Computer im Rucksack.

BACKLINK [*engl. für: Rückver-weis*] Was ein Link ist, das weiß mitt-lerweile jeder: ein Verweis auf eine Webseite. Ein Backlink bezeichnet hin-gegen einen Link, der von einer Web-seite auf eine andere Seite zurückver-weist. Die Links, die man auf seiner eigenen Webseite angibt, sind zum ei-nen für die Besucher interessant, die sich dann weiter informieren und durchs Netz klicken können. Diese Links sind aber auch für Suchmaschi-nen relevant: Hat eine Internetseite be-sonders hohe Besucherzahlen und wird zudem von vielen anderen Seiten auf diese verlinkt, steigt ihre Populari-tät und sie bekommt ein großes Ge-wicht im Netz. Damit wird sie dann auch in den Suchergebnissen ziemlich weit vorn ausgeworfen und hat einen hohen ↑**PAGERANK.**

BARCAMP Ein Barcamp ist eine of-fene Konferenz, die die klassische hier-archische Teilung von Vortragenden und Publikum durch eine offene, gleichberechtigte Versammlung aller

Teilnehmenden ersetzt. Themen, Redner und Moderation werden vor Ort spontan ausgehandelt und drehen sich um Bereiche wie ↑**SOCIAL SOFTWARE,** neue Start-ups oder ↑**APPS.** Äquivalent zum Mitmachweb 2.0 lautet das Motto: »Keine passiven Zuschauer, nur aktive Teilnehmer.« Durch Sponsoren und unkonventionell-gemeinschaftliche Selbstorganisation über ↑**WIKIS** ist die Teilnahme kostenlos. So entsteht eine Mischung aus kreativem Brainstorming und Zeltlager.

BENCHEN [*zu engl. benchmark = Richtwert, Bezugsgröße*] Sprache kann manchmal recht verwirrend sein. Hören ein Computernerd, ein Bodybuilder und ein Marketingstratege das Wort benchen, denken sie dabei an vollkommen unterschiedliche Dinge. Der Nerd bencht seinen PC, um zu sehen, wie leistungsfähig er ist. Der Muskelmann hingegen verbindet mit dem Verb sein Standardprogramm – auf der Bank liegen und Gewichte stemmen. Und der Marketingmensch denkt sofort an das Vermessen der anvisierten Zielgruppe.

BLOGOSPHÄRE [*Zusammenziehung aus Blog und Atmosphäre*] Die Welt der Blogger ist vielfältig, vom politischen Kommentar bis hin zu persönlichen Berichten aus dem Teenageralltag ist in Weblogs jede Art von Text und Thema zu finden. Es wird davon ausgegangen, dass dieses weltweit verstreute Völkchen communityartig vernetzt ist und beständig wächst. Daher wird die Gesamtheit aller Weblogs als Blogosphäre bezeichnet; ein Netzwerk privater Publikationsplattformen im ↑**WEB 2.0.**

BLOGROLL [*Zusammenziehung von Blog und engl. roll = Liste*] Um in den beinahe unendlichen Weiten der ↑**BLOGOSPHÄRE** besser wahrgenommen zu werden, vernetzen sich Blogger gerne untereinander. Ein Mittel zum Zweck hierfür ist u. a. die Blogroll, eine Linkliste mit Blogempfehlungen, meistens gut sichtbar in der Seitenleiste des eigenen Blogs platziert. Die Aufnahmekriterien reichen dabei von persönlichen Vorlieben, Interessen und Bekanntschaften bis hin zu strategischen Überlegungen wie gegenseitigem Linktausch zur Steigerung des Bekanntheitsgrads der eigenen Webseite.

BLOGSER [*Zusammenziehung aus Blog und Leser*] Medienjournalist Peter Turi überlegte, wie man die schweigende Mehrheit nennen könnte, die zwar Blogs liest, diese aber weder kommentiert noch selbst bloggt. Beim anschließenden Brainstorming kam er von **»BLOGSUMENT«** (Zusammenziehung aus Blog und Konsument) über **»BLURKER«** (Zusammenziehung aus Blog und engl. lurker = Beobachter) schließlich auf den Blogser. Der Begriff hat inzwischen Karriere gemacht – allerdings nicht durch den Blogeintrag seines Erfinders, sondern erst nachdem die Onlineausgabe der Bild-Zeitung die Wortschöpfung in einem Bloggerquiz verwendete.

BOON Ein Anfänger in einem Computer- oder Onlinespiel, der sich noch nicht auskennt und durch seine Unerfahrenheit auffällt, wird als ↑**NOOB** (in ↑**LEETSPEAK** n00b) beschimpft. Weil manche Server Beleidigungen eindämmen wollen, wird das Wort automatisch durch vier Sternchen ersetzt. Findige User haben zur Bezeichnung der Computeranalphabeten aber eine ↑**TRAPDOOR** gefunden und schreiben den Noob fortan einfach rückwärts als Anagramm. So wird daraus Boon oder b00n und die Zensur ist ausgetrickst.

BOOSTEN [*zu engl. to boost = ankurbeln, verstärken*] Im Gamerjargon bedeutet boosten, mithilfe anderer Spieler in eine höhere Liga oder auf eine bessere Platzierung aufzusteigen. Dazu verliert der andere z. B. in Kämpfen absichtlich, sodass der Gewinner die gewünschte Punktzahl erzielt und im **RANKING** nach oben klettert. Diese illegale und verpönte Methode dient dazu, sich zu verbessern, zu verstärken oder seine Fähigkeiten zu erhöhen. Mit einem Platz in der ↑**HALL OF FAME** ist dann vielleicht auch ein ↑**EGO-BOOST** verbunden, auch wenn dieser Erfolg unter nicht ganz sauberen Bedingungen zustande gekommen ist.

BOT [*Abkürzung von engl. robot = Roboter*] In Comics oder Filmen gibt es meistens zwei Sorten von Robotern: entweder die guten, nützlichen Helfer oder die bösen Zerstörer, die am liebsten die gesamte Menschheit auf einen Schlag vernichten würden. Ähnlich verhält es sich mit Bots. Sind die kleinen, selbstständig arbeitenden Programme gutartig, werden sie z. B. von Suchmaschinen wie Google losgeschickt, um Webseiten zu besuchen und deren Inhalt auszuwerten. Sind sie dagegen bösartig, helfen sie beim Schummeln in Onlinegames **(AIMBOT),** sammeln im Auftrag von Spammern E-Mail-Adressen oder infizieren Rechner, um dort schlummernd auf das Signal für eine Spamattacke oder den Angriff auf einen Server zu warten.

BROWSERSPIEL Rund 50 Milliarden Euro pro Jahr kostet deutsche Unternehmen angeblich das private Internetsurfen von Angestellten. Wie seriös solche Schätzungen sind, darf ruhig infrage gestellt werden. Sicher aber ist, dass Browserspiele eine beliebte Form von Alltagsflucht während der Arbeitszeit sind. Dabei geht es um Computerspiele, die nicht auf dem Rechner installiert, sondern direkt online im Browser gedaddelt werden. Die Auswahl ist so bunt wie unüberschaubar: Konsolenklassiker, Homecomputerhits vergangener Dekaden oder pfiffige Neukreationen – so ziemlich für jeden Geschmack findet sich Entsprechendes auf den einschlägigen Spieleseiten.

CAMPER [*zu engl. to camp = lagern*] Wer denkt, er hat es bei Campern mit bierbäuchigen, grillenden Freilufturlaubern zu tun, liegt daneben. In der Netzsprache bezeichnet der Ausdruck vielmehr einen ↑**GAMER,** der wegelagernd an einem Ort verharrt, um vorbeikommende Gegenspieler hinterrücks zu überwältigen. Wer in das Fadenkreuz eines Campers läuft, wird gnadenlos ↑**GEFRAGGT.** Dieses taktische Warten nach Scharfschützenmanier wird in der Community meist als negativ, feige und unsportlich betrachtet.

CASE-MODDING [*Zusammensetzung engl. case = Gehäuse und engl. modification = Veränderung*] Case-Modding ist das Tunen des PCs. Dabei wird die Hardware mit Plexiglas, Leuchtdioden, Aufklebern oder Naturmaterialien ↑**GEPIMPT.** Teile aus dem Inneren des Computers werden durch das Anbringen von Fensterchen sichtbar gemacht oder ganz nach außen verlagert. Auch das Verändern des Gehäuses – indem man den Computer in eine fremde Umgebung einbaut, z. B. in eine Mikrowelle oder Bambusbehausung – ist unter Case-Moddern beliebt. Bei aller Kreativität sollte natürlich die Funktionalität nicht auf der Strecke bleiben.

CHARACTER [*engl. für: Rolle, Figur*] Schwadroniert ein ↑**GAMER** mit dunklen Augenringen über seinen Character, kann man davon ausgehen, dass er in der Nacht zuvor nicht über seine reale Persönlichkeit nachgedacht hat, sondern sie spielend vor dem Computer verbracht hat. Als Character, im Gamerjargon auch kurz »Char«, wird nämlich die eigene Spielfigur mit ihren Fähigkeiten und Skills bezeichnet.

CHEAT [*engl. für: Schwindel, Mogelei*] Wer in einem Computerspiel partout nicht weiterkommt und einfach nicht die Lösung für ein bestimmtes Level findet, sollte im Internet nach Cheats für dieses Spiel suchen. Cheats sind geheime, vom Spieleprogrammierer eingebaute Tastenkombinationen. Durch einen **WALLHACK** beispielsweise kann er durch Wände sehen oder gehen, durch den **SPEEDHACK** schneller laufen und so seine Gegner **OUTPERFORMEN.** Durch einen **AIMBOT** wird jeder Schuss zum Treffer. Diese Tricks und Kniffe werden nicht automatisch in der Spielebeschreibung mitgeliefert, aber inzwischen finden sich im Internet zu fast jedem PC-, Online- oder Konsolengame Sammlungen ausgewählter Cheats.

DASHBOARD [*engl. für: Amaturenbrett*] Das Dashboard ist das Armaturenbrett des Computers, auf dem alle ↑**WIDGETS** – die kleinen Helferprogramme, die den Direktzugriff zu Wetterbericht, ↑**SOCIAL NETWORKS** oder Suchmaschinen ermöglichen – abgelegt werden. Diese Sammelstelle kann direkt auf dem Desktop des Computers, in der Startleiste oder im Browserfenster liegen und mit einem Tastenklick an- oder abgeschaltet werden.

DIGITALISAT Ein Digitalisat ist das Endprodukt einer Digitalisierung. Im Übergang von der analogen zur digitalen Gesellschaft werden viele »Relikte« aus dem analogen Zeitalter (Musik, Bilder, Texte) digitalisiert. Das spart nicht nur Platz, sondern ermöglicht auch schnellen und ortsunabhängigen Zugriff auf die Dateien.

DIGITAL NATIVE [*zu engl. native = Einheimischer, Eingeborener*] Wenn Eltern ihren Kindern wehmütig erzählen, welche Geräusche ihr erstes analoges Modem beim Einwählen machte oder welche Mutprobe es war, die Angebetete auf ihrem Familienfestnetztelefon anzurufen, verdrehen die unter 20-Jährigen meist nur genervt die Augen. Digital Natives, also alle nach 1990 Geborenen, kennen kein Leben ohne Internet und Handy. Die 90er-Jahre des 20. Jahrhunderts markieren somit eine Zäsur zwischen den Generationen, die bislang ihresgleichen sucht. Während es vor allem vielen Älteren und sogenannten »**DIGITAL IMMIGRANTS**« schwerfällt, bei den ständigen technischen Neuerungen up to date zu bleiben, erlernen die digitalen Eingeborenen den Umgang mit der Technik genauso selbstverständlich wie das Rechnen und Schreiben. ↑Abbildung S. 44

DOWNEN [*kurz für engl. to download = herunterladen*] Die Verbreitung von billigen Breitbandanschlüssen

Früh übt sich, wer kein Noob werden will. Digital Natives spielen lieber mit Klappcomputer statt mit dem Kuschelteddy.

nimmt rasant zu. Surfen im Turbomodus verkürzt nicht nur die Zeit, die das Runterladen einer Datei in Anspruch nimmt, sondern auch die Bezeichnung dafür. Aus englisch downloaden wird downen, im Gegenzug meint ↑UPPEN das Hochladen von Dateien.

E-DIOT [*Abkürzung für engl. electronical idiot = elektronischer Idiot*] Die Brüder des E-Dioten sind der ↑NOOB und der ↑OFFLINER. Während der Offliner gar keine Ahnung vom Internet und ↑WEB 2.0 hat und der Noob ein blutiger Anfänger ist, gibt der E-Diot zumindest vor, mit ein wenig technischem Wissen ausgestattet zu sein und sich in den unendlichen Weiten des Internets auszukennen. In Wahrheit allerdings profiliert er sich mit Halbwissen und fliegt daher bei Nachfragen schnell auf. Da der E-Diot, englisch ausgesprochen, wie das Wortbildungsvorbild »Idiot« klingt, kommt diese Bezeichnung hauptsächlich in der schriftlichen Internetkommunikation vor.

EDITWAR Zu viele Köche verderben den Brei, das gilt oft auch fürs Internetsüppchen. Im Unterschied zum realen Kochtopf können bei Meinungsverschiedenheiten in ↑WIKIS als unpassend oder falsch empfundene Anmerkungen anderer Autoren an einem Artikel nicht nur korrigiert, also bearbeitet, sondern auch ↑REVERTIERT, d. h. rückgängig gemacht, werden, was nicht selten zu einem regelrechten Bearbeitungskrieg führt. Ein solcher Editwar führt zu Wikistress und verhärtet die Fronten. Oft bleibt als einzige Lösung das Eingreifen des Administrators, der als letztes Mittel die feindlichen Lager außer Gefecht setzen kann, indem er ihnen die Zugriffsrechte entzieht.

E-SPORT [*Abkürzung für: elektronischer Sport*] Das »E« in »E-Sport« kennen wir von der E-Mail oder dem ↑E-DIOT – immer steht es für elektronisch. Somit ist hier keine reale körperliche, sondern die virtuelle Ertüchtigung des ↑CHARACTERS gemeint. In Onlinespielen wird schließlich auch gerannt, gesprungen und gekämpft. Wer es im heimischen Fußballverein nicht mal bis in die Regionalliga gebracht hat, kann beim Spielkonsolensoccer mit der deutschen Nationalmannschaft um die Wette kicken. E-Sport-Wettkämpfe werden im Mehrspielermodus sogar auf offiziellen Turnieren ausgetragen und in einigen Ländern, wie z. B. in China, als echte Sportart von Verbänden anerkannt.

FAVICON [*Zusammenziehung aus engl. favourite = Favorit und engl. icon = Bildzeichen*] Dieses kleine Minilogo, das in der Adresszeile des Browsers links von der URL zu finden ist, steht ikonisierend für eine Website. Es dient der besseren Wiedererkennung einer Seite in der Lesezeichen- oder Favoritenliste. Bei szenesprachenwiki.de zeigt das Favicon beispielsweise die bunten Kategorienbälle.

FILESHARING [*Zusammenziehung aus engl. file = Datei und engl. to share = teilen*] In den Medien wird schon länger hochgradig emotional über das Urheberrecht im Zeitalter des Internets debattiert. Filesharing wird dabei häufig missverständlich als Synonym für das verbotene Runterladen von durch das Copyright geschützten Inhalten wie Musik oder Filmen benutzt. Filesharing ist aber nicht per se illegal, sondern meint im eigentlichen Sinne lediglich das Tauschen von Daten über ↑ PEER-TO-PEER-NETZWERKE. Dabei werden Dateien über das Internet von Computer zu Computer kopiert, das Original selbst bleibt beim Besitzer. Legal getauscht werden darf, was unter einer freien Lizenz veröffentlicht ist, sowie Shareware, deren Weitergabe ausdrücklich erwünscht ist, und jedes Werk, dessen Copyright abgelaufen ist.

FIRST LIFE [*engl. für: erstes Leben*] Da das virtuelle Leben im Netz immer bedeutsamer wird, bürgert sich für das reale, bis dahin einzige Leben ein neuer Begriff ein. First Life bezeichnet das »wirkliche« Leben, das offline stattfindet. Relevant wurde der Begriff durch die zunehmende Popularität der Online-3D-Struktur **SECOND LIFE,** auf der Zehntausende für ihre Avatare täglich ein zweites, digitales Leben designen. Auch über ↑**SOCIAL NETWORKS** wie Facebook oder StudiVZ ist es möglich, eine vom realen Leben abweichende ↑**DIGITAL REPUTATION** aufzubauen. Als Gegenbezeichnung für diese Parallelleben wurde First Life geboren, dessen vielseitige Levels und ↑**QUESTS** an erster Stelle stehen sollten.

FLAMER [*zu engl. flame = Flamme*] Manche User verhalten sich in Internetforen oder ↑**MMORPGS** besonders nervig und provozierend. Mit ihren **FLAMEPOSTS,** ↑**SINNFREIEN,** provokanten oder feindseligen Beiträgen, lösen sie oftmals hitzige Diskussionen in der Community aus. Gipfelt die Auseinandersetzung in gegenseitigen Beleidigungen und verbalen Demütigungen, ist man mittendrin im **FLAMEWAR.** Mancher ↑**NOOB** flamt aber ganz unfreiwillig. Wenn er in einem Thread nämlich eine Frage stellt, die nach Meinung von anwesenden Computerfreaks zum Grundwissen gehört, machen sie ihm deutlich klar, wie überflüssig und dumm sein Post war.

FLASHMOVIE [*von Flash = Computerprogramm und engl. movie = Film*] Noch vor wenigen Jahren konkurrierten verschiedene Videoformate um die Vorherrschaft im Internet. Durch Seiten wie YouTube und artverwandte Videoplattformen hat sich inzwischen ein Quasistandard für Webvideos durchgesetzt. Diese Filme werden nach der Entwicklungsumgebung »Flash« von der Softwarefirma Adobe auch Flashmovies genannt. Ein Vorteil dieses Videoformats ist es, dass die Filme bereits gestartet werden können, ehe der komplette Film auf dem Computer zwischengespeichert ist.

FLOODEN [*zu engl. to flood = überschwemmen, fluten*] Während die ↑**DIGITAL NATIVES** souverän durchs Internet surfen, drohen medieninkompetente Nichtschwimmer in der Informationsflut unterzugehen. Um letzteren Sachverhalt zu beschreiben, hat sich mittlerweile das Verb flooden etabliert, das aber auch anderswo Verwendung findet: Werden Rechner durch böswillige **DOS-ATTACKEN** (Denial of Service) lahmgelegt, spricht man ebenfalls vom Flooden. Diese Art des Floodens kann z. B. durch ↑**COPYPASTEN** zu großer Textmengen in Chats geschehen. Einer solchen Strategie liegt oftmals die böswillige Absicht zugrunde, einen bestimmten Rechner oder ein Netzwerk zum Absturz zu bringen. Ein Absturz der Webseite ist auch die Folge von **TECHCRUNCHING,** ↑**SLASHDOTTING** oder **HEISEN,** allerdings wird hier die Webseite aufgrund des enormen Besucherandrangs lahmgelegt und nicht, weil irgendjemand die böse Absicht hatte, die Seite zu attackieren.

FOLKSONOMY [*Zusammensetzung aus engl. folk = Leute und Taxonomie*] Angenommen, mehrere Menschen schauen im Internet das gleiche Video und ordnen anschließend dessen Inhalt kategorisierende Tags zu. Trägt man die Ergebnisse dann zusammen, kommen die unterschiedlichsten Schlagworte zusammen. Auf diese Weise entsteht in **SOCIAL-BOOKMARKING**-Communitys wie Delicious, Digg oder Mister Wong, bei denen User ihre Lesezeichen verschlagwortet speichern, eine Folksonomy. Diese kann man sich als riesigen Schlagwortkatalog, der Internetinhalte semantisch beschreibt, vorstellen. Die populäre Methode zur optischen Abbildung der Schlagwörter in Folksonomien ist die ↑**TAGCLOUD,** bei der sich die Größe der Begriffe nach der Häufigkeit der Nennung richtet.

FOO Foo und **FOOBAR** bedeutet in der Sprache der IT-Experten und Computerfreaks alles und nichts. Tatsächlich hat das Wort seinen Ursprung als ↑**SINNFREIER** Platzhalter für Dateien, Routinen, Verzeichnisse, Funktionen, Prozesse während des **PROGGENS.** Das »Foo« selbst ist dann in dem Programm nicht zu gebrauchen und zum Beispiel durch einen Namen zu ersetzen. Braucht man mehrere Platzhalter, so hat sich die Reihenfolge »foo, bar, baz« durchgesetzt, woraus das zusammengesetzte foobar entstanden ist. Von diesem sinnfreien Zeichen wurde es dann in die verbale Kommunikation aufgenommen und bezeichnet weiterhin Sinnfreies. Immer dann, wenn es passt, kann man »foo« einfließen lassen: »So ein Foo«, »Lass den Foo«, »Das ist foobar«.

FORTSCHRITTSBALKEN Der Fortschrittsbalken (oder engl. **PROGRESS BAR**) begegnet uns beim Download von Dateien, beim Installieren von Programmen und beim Brennen von CDs. Er zeigt an, wie weit das Ausführen der jeweiligen Aktion fortgeschritten ist, und gibt damit recht anschaulich preis, wie lange es noch dauert oder ob der PC überhaupt arbeitet. Im Betriebssystem Vista wächst dieser Ladebalken nicht nur in einem schillernden Grün in die Länge, sondern suggeriert auch durch einen in ihm laufenden weißen Punkt beständiges, fleißiges Arbeiten des Rechners. Daher ist der Fortschrittsbalken wesentlich beliebter als die überholte Windows-Sanduhr oder der Apple-Rauschekreis, wo einem durch die fehlende Zeitangabe nichts anderes übrig blieb, als sich in Geduld zu üben. Wie schön wäre es doch, wenn es für ähnliche ↑WAITSTATES im Alltag, z. B. im vollen Wartezimmer des Arztes oder beim Warten auf den Rückruf des potenziellen Partners, einen Fortschrittsbalken gäbe.

FRAGGEN [*zu engl. frag = Kurzform von fragmentation grenade (»Splitterhandgranate«)*] In der Gamersprache bedeutet fraggen »jemanden (virtuell) umbringen«. Im Vietnamkrieg sollen inkompetente Vorgesetzte von den eigenen Truppen mit Splitterhandgranaten (engl. fragmentation grenade) attackiert worden sein, um den drohenden Kampfeinsatz abzuwenden. Die Wiederbelebung des Wortes ging von der Ego-Shooter-Szene, insbesondere von dessen Pionierspiel Doom, aus, wo es für das Töten von Mitgliedern der eigenen Einheit stand. Mittlerweile hat das Wort eine Bedeutungserweiterung erfahren. Frag wird zum Synonym für feindliche Treffer in Computerspielen, repräsentiert Siegpunkte und ist somit als Bezeichnung des Spielstands gebräuchlich.

FRED [*zu engl. thread = Faden, Strang*] Fred ist die eingedeutschte Variante von englisch »thread«. Weil der Deutsche bekanntermaßen Probleme mit der korrekten Aussprache des englischen »th« hat, wird daraus kurzerhand ein »f«. Wie seine englische Entsprechung bezeichnet auch der Fred einen Diskussionsstrang mit mehreren Beiträgen in einem Internetforum.

FREEHOSTER [*Zusammenziehung aus engl. free = frei und engl. host = Gastgeber*] Wer sich als Blogger versuchen oder eine eigene Webseite online stellen will, muss dafür nicht unbedingt Geld ausgeben. Im Internet gibt

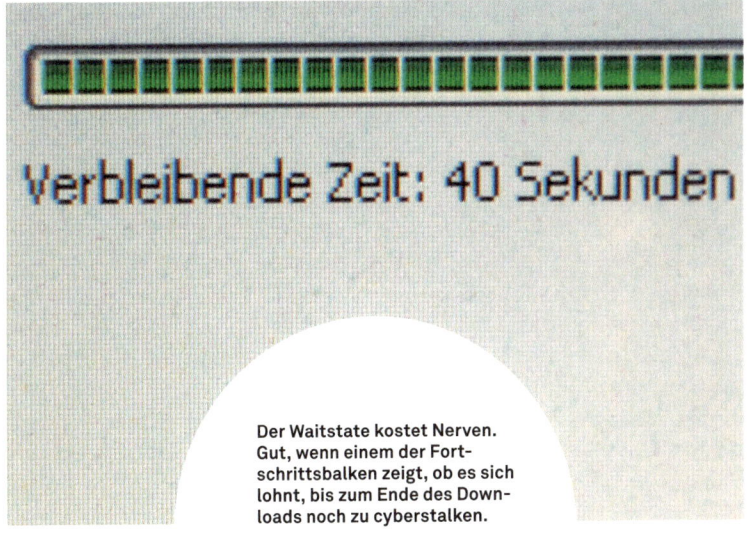

Verbleibende Zeit: 40 Sekunden

Der Waitstate kostet Nerven. Gut, wenn einem der Fortschrittsbalken zeigt, ob es sich lohnt, bis zum Ende des Downloads noch zu cyberstalken.

es unzählige Freehoster, die kostenlos Speicherplatz zur Verfügung stellen. Im Gegenzug muss man in vielen Fällen in Kauf nehmen, dass der Anbieter auf der Seite Werbung schaltet.

GAMEPLAY [*zu engl. game = Spiel und engl. to play = spielen*] Der angestaubte Begriff »Spielmechanik«, der bei Computerspielen für das Zusammenwirken von »Gamesetting«, Regeln und den Aktionen des Spielers steht, beschreibt nur ungenügend die Bedeutungsvielfalt, die sein englisches Äquivalent mittlerweile erlangt hat:

In Spielezeitschriften gibt die Rubrik »Gameplay« Auskunft darüber, ob ein Spiel Spaß macht und ob die ↑USABILITY gut ist. Im Gamerslang bezeichnet man mit Gameplay – ähnlich dem Begriff Handicap beim Golf – die Fähigkeiten des jeweiligen Spielers: Der ↑SKILLER hat Gameplay, wer schlecht spielt, gilt als ↑NOOB.

GAMER [*engl. für: Spieler*] Egal ob PC oder Spielkonsole, dieser passionierte Computerspieler spielt alles, was ihm unter die Finger kommt. Und das meist stundenlang, bis auch das letzte Zusatzlevel gefunden, der letzte Schatz geknackt und der letzte Endgegner besiegt ist. Jemand, der besonders viel ↑GAMEPLAY hat, kann sein Hobby als PRO-GAMER zum Beruf machen. Es muss aber nicht immer der neueste Ego-Shooter sein, der die Computerspieler ins Bildschirmgeschehen abtauchen lässt. Alte Arcade-Games, Videospiele, die früher als klobige Automaten in Spielhallen standen, haben heute Kultstatus erreicht. Besonders die einfache Programmierung und die simple, urzeitliche Grafik von Pacman, Tetris und Co. werden von RETRO-GAMERN geschätzt.

GANKER [*zu engl. to gank = betrügen*] Ein Ganker ist ein unfairer, hinterlistiger ↑GAMER in einem ↑MMORPG, der versucht, die anderen Spieler reinzulegen und das Spiel zu sabotieren. Eine beliebte Taktik des Gankers ist z.B. das CAMPEN. Diese unfaire, spielbehindernde und feige Vorgehensweise ist unter Spielern nicht gerne gesehen und wird im Allgemeinen scharf verurteilt.

HAECKSE [*zu engl. hacker = Computereindringling*] Als weibliches Äquivalent zum Hacker, einem Computerexperten, der sich illegal in fremde Netzwerke oder Webseiten einloggt,

um dort Daten zu ändern oder zu zerstören und so beispielsweise auf bestehende Sicherheitslücken des Systems aufmerksam zu machen, wurden die Haecksen 1988 als Untergruppe des Chaos Computer Clubs gegründet. Die Frauen der Gruppe wollten damit zeigen, dass auch Mädchen internetaffin und technikbegabt sind und kreativ mit Computern umgehen können. Angelehnt an die mittelalterliche Hexe zaubern Haecksen also im ↑WEB 2.0. Dass es immer mehr Haecksen gibt, liegt auch an der voranschreitenden Feminisierung der Wirtschaft (vgl. ↑WOMENOMICS).

HANDYTICKET Die Fahrkarte als schmückendes Souvenir in Tagebüchern, Fotoalben oder SCRAPBOOKS hat vielleicht bald ausgedient. Denn inzwischen bieten viele Verkehrsbetriebe ihren Fahrgästen an, den Fahrschein über das Mobiltelefon anzufordern und zu bezahlen. Auch kontrolliert wird schließlich über das Handydisplay. Dabei darf man sich dann statt peinlicher Suche nach der angeblichen Fahrkarte wohl vor allem auf Diskussionen über technische Probleme oder leere Akkus gefasst machen.

HASHTAG [*Zusammensetzung aus engl. hash = Rautenzeichen und engl.*

tag = Markierung] Beim ↑**TWITTERN** kann man mit einem Hashtag Begriffe verschlagworten. Dazu setzt man ein Rautezeichen vor das gewünschte Wort innerhalb des **TWEETS.** Zum Teil werden Hashtags von der Twittergemeinde auch zur Kennzeichnung ironischer Aussagen verwendet, da in der elektronischen Kommunikation auf 140-Zeichen-Basis Ironie leicht zu überlesen und schwer zu vermitteln ist.

HOMEBREW [*engl. für: selbst gebrautes Bier*] Das Geschäft mit Videospielen ist ein Milliardenmarkt und entsprechend sind die Hersteller von Spielekonsolen bestrebt, diesen Markt zu kontrollieren und abzuschöpfen. Die beliebten Daddelkisten sind deshalb abgeschottete Systeme, für die nur programmieren darf, wer dafür vom Hersteller auch eine entsprechende Lizenz erhalten hat. Die Homebrewszene, die sich vom Selbstverständnis her als legal begreift, sieht wiederum die technischen Schutzmaßnahmen weniger als Hindernis denn als Herausforderung an, die Konsolen zu hacken, um selbst gebraute Software darauf zum Laufen zu bringen.

IDENTITYMANAGEMENT [*engl. für: Identitätsmanagement*] Auch wer an keiner diagnostizierten Persönlichkeitsstörung leidet, kann heute multiple Identitäten haben, die er in verschiedenen Kontexten annimmt. In der Schule oder bei der Arbeit sind wir anders als zu Hause, auf dem Facebookprofil stellt man sich anders dar als beim Businessportal XING, und bei Mama sind wir sowieso immer Kind. Der Begriff Identitymanagement bezeichnet dabei das Balancieren und Koordinieren der verschiedenen Identitäten. In IT-Kreisen meint Identitymanagement dagegen das Konstruieren von Lösungen zum Schutz vor **IDEN-TITÄTSDIEBSTAHL** oder für eine verbesserte Verwaltung der diversen eigenen.

ITEM [*engl. für: Gegenstand*] In Computerspielen sollte man möglichst Items sammeln, denn die können hilfreich und nötig sein, um ein ↑**QUEST** zu bestehen. Im ↑**FIRST LIFE** würde man Items wohl als ↑**STUFF** bezeichnen. In Games muss man Items an jeder Ecke suchen, sie können in Truhen oder Kisten zu finden sein, man muss sie toten oder lebendigen Gegnern abknöpfen oder aus der Erde buddeln. Ihr Besitz allein reicht häufig nicht, der ↑**GAMER** muss sie kombiniert einsetzen, um von ihnen zu profitieren. Items, die letztendlich keinem Zweck dienen, heißen »roter Hering«, andere können ihrem Besitzer im schlimmsten Fall sogar Schaden zufügen.

KATZENBLOG Wenn alleinstehende Menschen einsam sind, schaffen sie sich oft eine Katze an. Wenn diese Menschen dann bloggen, wissen sie über nichts Spannenderes zu berichten als über diese Miezen, deren Fotos den Blog gestalterisch aufwerten sollen. In Anlehnung an dieses tatsächlich weitverbreitete Phänomen hat sich die Bedeutung des klassischen Katzenblogs erweitert und ist dadurch zum Synonym für Blogs geworden, die rein privaten Inhalts sind – und meist wenige Leser haben.

KEWL Diese lautmalerische Version von »cool« wird vor allem in Chats benutzt und ist auf die schriftliche elektronische Kommunikation beschränkt, da in der gesprochenen Sprache kein Unterschied zwischen beiden Begriffen zu hören ist. In ↑LEETSPEAK existieren abweichende Schreibweisen wie z. B. c00l und c3wl. Die Bedeutung bleibt aber immer dieselbe: ↑FANCY, ↑FRESH, ↑FETT, Hammer, KILLER, ultra und GEILOMAT.

KEYGENERATOR [*von engl. key = Schlüssel und engl. to generate = er-zeugen*] Untersuchungen zufolge sind angeblich weltweit rund vierzig Prozent aller installierten Computerprogramme Raubkopien – und das obwohl kommerzielle Software in der Regel mit einem Kopierschutz versehen ist. Mitverantwortlich dafür sind u. a. Keygenerators oder kurz Keygens, kleine Programme, die mithilfe eines Algorithmus Seriennummern oder Freischaltcodes für raubkopierte Software berechnen. Über ↑PEER-TO-PEER-NETZWERKE beispielsweise ist für so ziemlich jede kommerzielle Software ein entsprechender Schlüsseldienst erhältlich. Doch potenziellen Piraten zur Warnung: Hinter so manchem Programm, das vorgibt, ein Keygen zu sein, verbirgt sich in Wirklichkeit ein Virus oder **TROJANER.**

KILLERSPIEL Jeder, der fernsieht, kennt das Szenario: Eine Spielfigur in Kampfmontur streift durch eine 3-D-Welt, das Maschinengewehr im Anschlag, denn hinter jeder Ecke kann ein Gegner lauern, den es zu ↑FRAGGEN gilt. Solcherlei Bilder aus Ego-Shootern wie Counter-Strike verstärken nach jedem weiteren Amoklauf die Forderungen nach einem Verbot der sogenannten Killerspiele. 2006 wurden in einer Definition des Wissenschaftlichen Dienstes des Bundestages mit dem

Begriff erstmals offiziell Computerspiele bezeichnet, in denen es um das simulierte Töten von Menschen geht, während sich der Ausdruck zuvor meist auf reale Gewaltspiele wie z. B. Paintball bezog, bei dem sich Gegner mit Farbpatronen abschießen. Die Wechselwirkung zwischen dem Spielen von Killerspielen und realer Gewaltbereitschaft ist heftig umstritten. Als klar gilt, dass jeder der jugendlichen Amokläufer auch Killerspiele gespielt hat, noch klarer ist aber, dass nicht jeder, der Killerspiele spielt, zum Gewalttäter wird. Eine ganz andere Bedeutung erlangt der Ausdruck übrigens in der Verwendung des Wortes **KILLER** als Attribut – dann ist ein »killer Spiel« einfach nur »toll, umwerfend, wahnsinnig gut.«

KillOr Diese in ↑**LEETSPEAK** geschriebene Personenbezeichnung wird in der Gamersprache für einen durch seine waghalsigen Manöver und sein außerordentliches Können auffallenden ↑**SKILLER** benutzt. Auch in Sportvereinen trifft man auf KillOr – Kerle, die im Fußball einen Fallrückzieher beherrschen oder einen Basketball geschmeidig slamdunken können. Im Nachtleben sind KillOr Typen, die ↑**SWAGGER** haben, jeden Türsteher kennen und auftreten, als gehöre ihnen der Klub.

KNOWBIE [*zu engl. to know = wissen*] Im Gegensatz zum Newbie, dem absoluten Neuling im Internet- und Gamingbereich, weiß der Knowbie alles. Im negativen Sinne kann damit auch der ewige Besserwisser bezeichnet werden, der glaubt, sich mit allem auszukennen, zu allem etwas zu sagen hat und seine Kollegen ständig auf Fehler hinweist.

KOMMI [*Abkürzung von Kommentar*] Kommi ist die liebevolle Abkürzung von Kommentar oder engl. comment, eine Funktion, die im ↑**WEB 2.0** beheimatet ist. Hier kann jeder User die von anderen geposteten Videos, Bilder oder Links kommentieren. Vor allem in ↑**SOCIAL NETWORKS** findet über die Kommentarfunktion ein regelrechter Austausch statt, der viel über das Standing innerhalb der Community und die eigene Beliebtheit aussagt. Schon das Hinterlassen eines einfachen Kommis wie »schickes neues Profilbild« zeigt, dass jemand dich für interessant genug hält, um deine ↑**NICKPAGE** anzuklicken und sich darauf zu verewigen.

LAME [*engl. für: lahm*] Alles, was langweilig, schlecht und öde ist, ist heute lame. Dabei ist auf die englische Aussprache zu achten, schließlich könnte man auch einfach »lahm« sagen, was aber weniger trendy wäre. Der Ausdruck hat aus der Welt der ↑GAMER den Weg in die Alltagssprache gefunden. Dort wird in einem Onlinegame ein Neuling bzw. ein ↑NOOB so bezeichnet, der dem Spielverlauf hinterherhinkt oder bestimmte Aufgaben nicht lösen kann. Solche LAMER sind wie ↑GANKER unter Computerspielern nicht gern gesehen.

LANDINGPAGE [*Zusammensetzung aus engl. to land = landen und engl. page = Seite*] Die Landingpage ist die erste Seite, die ein Besucher sieht, wenn er durch Anklicken einer Werbeanzeige oder eines durch E-Mail versendeten Links auf eine andere Webseite weitergeleitet oder gelockt wird. Die Landingpage ist der Ausgangspunkt für das weitere ↑ABSURFEN der Seite oder des Webshops.

LAN-PARTY [*zu engl. local area network = örtliche Computervernetzung*] LAN ist die Abkürzung für Local Area Network, also für ein lokales Netzwerk, das zwischen mehreren Computern hergestellt werden kann. Für ↑GAMER und Computerfreaks sind LAN-Partys beliebte Happenings. Die mitgebrachten Laptops und PCs werden vernetzt, um dann einen Abend oder auch ein ganzes Wochenende lang exzessiv Computerspiele mit- und gegeneinander zu spielen. Neben den privaten Computerspielmarathons mit Freunden gibt es auch offizielle LAN-Partys, die, von einem Veranstalter organisiert, meist kostenpflichtig sind. Üblicherweise stellt dann der Organisator Catering, Strom und Netzwerk zur Verfügung.

LARP [*Abkürzung für engl. live action role playing = Liverollenspiel*] Wer in Dortmund sieht, wie plötzlich in der Einkaufspassage zwei Personen aufeinander zustürmen und sich gegenseitig in den Hals beißen, der wohnt einem Liverollenspiel bei. Denn in Dortmund gibt es eine der größten Vampir-LARP-Gruppen, bei denen die Spieler physisch die Rolle eines Vampirs einnehmen. Solche Liverollenspiele gehen über ↑COSPLAY, das bloße Verkleiden als Comic- oder Actionfigur, hinaus. Die Spieler müssen Missionen und Aufgaben bewältigen, können ab- und aufsteigen und sogar vernichtet werden, wenn sie nicht aufpassen. Im Gegensatz zu Onlinespielen findet dieses Rollenspiel aber komplett im ↑FIRST LIFE statt. Der Spieler schlüpft dabei vollständig in seine Rolle. Er schminkt, kleidet, redet und verhält sich wie sein ↑CHARACTER.

Je nach LARP wird oft auch über mehrere Tage hinweg in Szenarien von Mittelalter bis Science-Fiction abgetaucht.

LEECHER [*zu engl. leech = Blutegel*] Ein User, der bei einem Filesharing-Dienst zwar überwiegend Dateien herunterlädt, aber selbst keine Dateien oder Programme zum Download freigibt, hat nicht nur den Sinn des ↑**FILE-SHARINGS** verfehlt, sondern ist auch ein gar nicht gern gesehener Nutznießer; ↑**SAUGEN** wollen, aber selbst nichts anbieten, das ist sogar in der nahezu moralfreien Zone des Internet verwerflich.

LEETSPEAK [*zu engl. elite = Elite und engl. to speak = sprechen*] Leetspeak ist eine Art Geheimsprache unter der Elite der Computerszene. Ursprünglich sollte sie verhindern, dass E-Mails und Dokumente von Dritten verstanden oder von Computern automatisch erkannt werden. Inzwischen gibt es für den Schutz von Dateien und beim Versenden von Nachrichten weit wirksamere Software und Firewalls, sodass Leetspeak nur noch selbstironisch in Form von einzelnen bekannten Versatzstücken oder zur Individualisierung von ↑**NICKNAMES** mittels Sonderzeichen genutzt wird. Um einen Text zu codieren, werden die Buchstaben durch ähnlich aussehende Ziffern oder Sonderzeichen ersetzt. Beispielsweise entspricht ein L der 1, das E der 3 und das T der 7, woraus sich als Synonym für Leet 1337 ergibt. Mit ein wenig Übung und Fantasie lässt sich der Geheimcode leicht entziffern und man ist der 5z3n35pr4ch3 ein wenig näher.

LEVELN [*zu engl. level = Stufe*] Ziel bei ↑**MMORPGS** (oder in Langform für den Laien: Massively Multiplayer Online Role-Playing Game) ist es, durch das Bestehen von ↑**QUESTS** und das ↑**FRAGGEN** der Gegner Punkte zu sammeln. Dadurch kann man den eigenen ↑**CHARACTER** leveln, sodass man, vergleichbar mit dem Handicap im Golfen, auf eine höhere Stufe aufsteigt. Der wohl bekannteste Vertreter dieses Spielegenres, das kostenpflichtige »World of Warcraft«, kennt beispielsweise achtzig zu erklimmende Stufen. Doch selbst mit dem Erreichen des höchsten Levels ist das Spiel nicht zu Ende: Der Spielbetreiber baut nämlich regelmäßig neue Aufgaben und Gegenstände ins Spiel ein. Die einen sehen darin Langzeitmotivation, die anderen dagegen Suchterzeugung.

LOLLEN [*zu lol, Abkürzung für engl. laugh out loud = laut lachen*] Um lautem Lachen eine schriftliche Entsprechung zu geben, damit der Chatpartner merkt, wie köstlich man sich amüsiert, wurde die Abkürzung »LOL« populär. Inzwischen ist der Ausdruck von der virtuellen auch in die gesprochene Kommunikation übergegangen. Lollen oder sich lollig machen sind mittlerweile gängige Begriffe zum Ausdruck der Erheiterung geworden.

LOOK & FEEL [*engl. für: Anmutung, Erscheinungsbild*] Der Look & Feel einer Internetseite ist ihr Designkonzept mit Wiedererkennungswert. Wird beispielsweise eine bestimmte Homepage durch einen Blog ergänzt, der eine andere URL hat, so wird dieser in Layout, Schriftart und -größe, Navigation und Grafik dem Stil der Hauptseite angepasst. Wenn das Look & Feel gut durchdacht ist, finden sich die Anwender auf einen Blick intuitiv zurecht und fühlen sich daher dank optimaler ↑USABILITY auf der Seite wohl. Diese Vereinheitlichung des Stils funktioniert auch medienübergreifend. So erhalten z. B. sendungsbegleitende Websites oder Onlinezeitschriften die gleichen Logos und Farben wie ihre Fernseh- bzw. Printentsprechung.

LOWBOB Zu den demütigenden Erfahrungen im Schulsportunterricht gehört es, als einer der Letzten auf der Bank zu sitzen und dann gezwungenermaßen in eine Mannschaft gewählt zu werden, weil keine anderen mehr verfügbar sind. Ähnlich wenig Prestige genießt unter versierten Computerspielern ein Lowbob. So wird nämlich von den Könnern ein ↑NOOB oder ziemlich schlechter Spieler bezeichnet, der sich aber im Gegensatz zum meist stummen Bankdrücker in der Schule zusätzlich dadurch auszeichnet, dass er den Mitspielern mit unqualifizierten Kommentaren auf die Nerven geht.

MEMORYEFFEKT Akkus sind das große Sorgenkind von Klapprechnern und Handys. Je öfter man sie auflädt, desto kürzer halten sie. Hinter dieser scheinbaren Altersschwäche verbirgt sich tatsächlich so etwas wie eine Frühform von künstlicher Intelligenz: Nickel-Cadmium-Akkus scheinen sich tatsächlich zu merken, in welchem Umfang sie verbraucht werden, woraufhin sie, ökonomisch gar nicht so falsch gedacht, ihre Speicherleistung diesem Niveau angleichen. Zur Verhinderung dieses Memoryeffektes, für den es mit Sicherheit eine rein physikalische Erklärung gibt, sollten Akkus immer nur dann aufgeladen werden, wenn sie wirklich leer sind.

MIMIMI Wenn man Jammern schriftlich nachäffen müsste, dann käme man wahrscheinlich auf mimimi. Diese Lautmalerei posten ↑**GAMER,** um das ständige Nörgeln und ↑**WHINEN** eines Spielers zu verhöhnen und ihn durch diese Betitelung spaßhaft zu **FLAMEN.**

MMORPG [*engl. Abkürzung für: Massively Multiplayer Online Role-Playing Game = frei übersetzt: Massen-Mehrspieler-Online-Rollenspiel*] Die ersten Fantasyrollenspieler bewegten sich mit selbst gemalten Landkarten und verschiedensten Würfeln durch Fantasiewelten, die der Spielleiter für sie entwarf, oder nahmen weite Wege in Kauf, um an ↑**LARPS** teilzunehmen. Heutzutage werden Rollenspiele wie z. B. »World of Warcraft« in erster Linie bequem vom heimischen Rechner aus gespielt. An MMORPGs können gleichzeitig Tausende ihre ↑**CHARACTER** durch virtuelle 3D-Welten bewegen. Geblieben ist das Spielprinzip: Wie in Rollenspielen üblich, geht es um das gemeinsame Lösen von ↑**QUESTS,** das ↑**FRAGGEN** von Gegnern und das Sammeln von Punkten.

NETBOOK [*Zusammensetzung aus Net für Internet und Notebook*] Wer seinen Computer nur benutzt, um – zumeist unterwegs – im Internet zu surfen, für den lohnt sich die Anschaffung eines teuren Laptops mit großem Arbeitsspeicher und gigantischer Festplatte oft nicht. Das dachten sich wohl auch diverse Computerfirmen, die daraufhin eine neue Generation von Notebooks entwickelten: die Netbooks. Diese haben zwar weniger Rechenleistung und sind mit weniger Softwareprogrammen ausgerüstet, dafür verfügen sie aber über einen portablen Internetzugang, sind praktischer für das Arbeiten unterwegs und meist auch leichter als so mancher Koffer von Laptop, der die Bezeichnung »tragbarer PC« gar nicht mehr verdient und eher als ↑**SCHLEPPTOP** daherkommt.

NETIZEN [*Zusammensetzung aus Net für Internet und engl. citizen = Bewohner, Bürger*] Die Netizens sind die Mitglieder der ↑**WEBCIETY.** Das Leben dieser Netzbürger findet zum großen Teil online statt, sie verstehen das Internet als eine Gemeinschaft, in der es Regeln und Normen einzuhalten gibt.

NETLIFE [*Zusammensetzung aus Net für Internet und engl. life = Leben*] Wenn Musiker über »Street Life« singen, wollen sie damit in der Regel einen bestimmten Lifestyle oder ein vorherrschendes Lebensgefühl beschreiben. Angesichts der Tatsache, dass immer mehr Menschen einen Großteil ihrer Zeit online verbringen, wird vielleicht irgendwann das »Netlife« eine tragende Rolle in Musiktiteln einnehmen. Momentan steht der Terminus aber lediglich für das virtuelle Parallelleben im Netz, das sich teilweise gänzlich vom ↑**FIRST LIFE** unterscheidet.

NETZJARGON Zur Abgrenzung und besseren Verständigung entwickeln Szenen oder Branchen eigene Sprachcodes, die für Outsider oft nur unverständliches Kauderwelsch sind. So auch im Internet, wo sich ausgehend von Newsgroups, Chats, Foren und der gesamten ↑**BLOGOSPHÄRE** ein Netzjargon etabliert hat, mit dem schnell, knapp und treffend kommuniziert werden kann. Neben Fachbegriffen zählen dazu Abkürzungen, Emoticons oder Akronyme: So klingen **LOL** und ↑**ROFL** für Außenstehende vielleicht wie die Namen zweier Protagonisten eines Marionettentheaters, sind aber tatsächlich Ausdruck von Freude und Erheiterung. Netzjargon hat sich als Oberbegriff für diese neue Form von Sprache etabliert und wird zumeist von den Beobachtern verwendet, die

selbst nicht mit diesen Kurzformen vertraut sind.

NICKNAME [*engl. für: Spitzname*] Der Nickname, oder kurz Nick, ist der Fantasiename, das Pseudonym bzw. die Identität, mit der man im Internet unterwegs ist. Ein User kann mehrere Nicknames auf verschiedenen Portalen haben und wird somit zumindest im Netz zu einer multiplen Persönlichkeit. Damit er dieses nicht aus dem Blick verliert oder seine verschiedenen Identitäten vermischt und dadurch sein Image beschädigt, muss er ↑**IDENTITYMANAGEMENT** betreiben.

NICKPAGE [*Zusammensetzung aus Nickname und Homepage*] Die Nickpage ist die persönliche Profilseite eines Users, auf der er sich in einem ↑**SOCIAL NETWORK** mit seinem ↑**NICKNAME** oder richtigen Namen präsentiert. Je nach Network kann man Fotos hochladen, Adresse, Interessen, Persönliches und Informationen zu Beruf und Lebenslauf eintragen und seine Pinnwand bzw. das Gästebuch verwalten. Mit der Nickpage kann sich jeder das Image schaffen, das er im Netz und auch in der Öffentlichkeit von sich vermitteln will. Hier hat man also die Möglichkeit, an seiner

↑DIGITAL REPUTATION zu feilen. Und plötzlich kann man der ↑PLAYER, der ↑STYLO oder das ↑IT-GIRL sein, das man im richtigen Leben gerne wäre.

NOOB Der Noob ist im Gegensatz zum Geek ein absoluter Beginner. Dieser unerfahrene Spieler und Neueinsteiger in ein Onlinegame macht Anfängerfehler, über die passionierte ↑GAMER nur lachen können. Eine alternative Schreibweise ist n00b, die mit der integrierten Doppelnull das Unvermögen des Neulings zusätzlich hervorhebt.

NUKEN [*zu engl. to nuke = atomisieren, zerstören*] In Internettauschbörsen sorgt für Unmut, wer allein Daten ↑DOWNT, selbst aber keine Files ↑UPPT, um sie mit anderen zu teilen. Da kommt dann manch einer auf die Gedanken, einen solchen schmarotzenden ↑LEECHER zu nuken, also seinen Rechner durch Senden eines falschen Datenpakets abzuschießen. Das klingt allerdings wesentlich martialischer, als es in der Realität ist. Ein genukter Computer nimmt keinen bleibenden Schaden, er muss lediglich neu gestartet werden – für langjährige Windowsuser also nichts Neues. In Onlinegames bezeichnet nuken aber auch wortwörtlich das Angreifen eines Gegners mit einer (Atom)bombe.

OFFLINER [*zu engl. offline = nicht am Netz, nicht online*] Im Gegensatz zum ↑ONLINER kennt sich diese Person gar nicht mit dem Internet aus und tummelt sich wenig bis selten im Netz. Kaum vorstellbar, dass im Web-2.0-Zeitalter, in dem die ↑DIGITAL NATIVES nachrücken, so etwas überhaupt noch möglich ist. Daher wird die Bezeichnung Offliner oft auch abwertend gebraucht und beschreibt dann Menschen, die das Neueste verpasst haben oder die Partyeinladung nicht gelesen haben, weil sie die entsprechenden Seiten nicht gecheckt haben: »Lies mal Deine Mails, du Offliner!«

ONLINER Der Onliner ist das Gegenteil zum ↑OFFLINER. Er kennt sich bestens mit dem Internet und im ↑WEB 2.0 aus, ist immer upgedatet, was die neuesten Netzwerke, Programme und Onlinemodule angeht, und eigentlich ↑TWENTYFOURSEVEN im Netz unterwegs. Er weiß, wie er sich seriöse Informationen beschaffen kann, wo es kostenlose Downloads gibt und welche Tools gerade schwer angesagt sind. Auch Personen, die in der Internetbranche arbeiten wie Webentwickler, Programmierer und Redakteure werden als Onliner bezeichnet.

PAGERANK [*Zusammensetzung aus engl. page = kurz für Homepage und engl. rank = Rang*] Als Pagerank wird einerseits ein mathematischer Algorithmus bezeichnet, der die Reihenfolge der Ergebnisse einer Suchmaschine, z. B. von Google, bestimmt. Dieser Algorithmus wurde von den beiden Google-Gründern Larry Page und Sergej Brin entwickelt. Der Ausdruck Pagerank steht andererseits aber auch für den Platz selbst, auf dem eine Internetseite in dieser Liste erscheint. Für kommerzielle Betreiber von Internetseiten ist ein hoher Pagerank der angestrebte Ritterschlag. Denn wer weit vorn in der Ergebnisliste steht, wird eher angeklickt und bekommt mehr Traffic auf seine Seite, was als Währungseinheit für die Werbekundenakquise zu erhöhten Einnahmen führt. Nicht selten kommt es daher zu kriminellem ↑KLICKBETRUG in Suchmaschinen. Als legale Verbesserung des Pageranks setzen große Unternehmen dagegen auf einen Stab von Technikern und Beratungsfirmen zur ↑SUCHMASCHINENOPTIMIE-RUNG. Auch der Einsatz von **KLICK-SCHINDERN** dient dazu, im **RAN-KING** nach vorn zu rutschen.

PEER-TO-PEER-NETZWERK [*von engl. peer = Gleichrangige(r)*] Fällt in einem zentralen Computernetzwerk der Server aus, bricht das gesamte Netz zusammen, weil die Daten nur an einem Ort liegen. Wesentlicher stabiler sind dagegen Peer-to-Peer-Netzwerke (oder kurz **P2P**). Bei ihnen liegen die Daten dezentral auf den einzelnen Rechnern. Um solche Netzwerke nutzen zu können, muss eine spezielle Software auf dem Computer installiert werden. Sie erstellt Verzeichnisse, auf die andere User zugreifen können, und steuert den Datenaustausch untereinander. Neben Bildern, Musik und Videos lassen sich so alle erdenklichen Daten teilen. Nebeneffekt der dezentralen P2P-Struktur: Einmal ins Netz gesickert, ist es nahezu unmöglich, Inhalte anschließend wieder zu entfernen, da innerhalb kürzester Zeit unzählige Kopien auf anderen Rechnern kursieren.

PHARMING Mit den unterschiedlichsten Methoden versuchen Onlinebetrüger, an geheime Daten von Bankkonten oder Kreditkarten zu kommen. Die am weitesten verbreitete Praxis hierzu ist das Phishing, bei dem User per E-Mail auf gefälschte Webseiten gelockt werden, um dort Passwörter und PIN-Codes einzugeben. Das Pharming geht noch einen Schritt weiter und ist noch raffinierter. Dem ahnungslosen User wird ein Virus oder **TROJANER** untergejubelt, der seinen Webbrowser manipuliert. Soll nun z. B. die Webseite einer Bank aufgerufen werden, landet der User, obwohl die Adresse richtig eingegeben wurde, auf einer täuschend echt nachgebildeten Seite. Und schwupps ist er sein Passwort los. Der Begriff Pharming selbst kommt daher, dass solche Betrüger regelrechte Serverfarmen voll gefälschter Webseiten unterhalten.

PINGEN Ist die Verbindung zum Internet oder im lokalen Netzwerk gestört, gibt es die Möglichkeit, diese durch einfaches Pingen zu überprüfen. Dazu wird ein kleines Datenpaket losgeschickt. Erhält der Adressat das Paket, antwortet er automatisch mit einem »pong«, falls nicht, erscheint beim Absender eine Fehlermeldung. Namensgeber für dieses Pingpongspiel ist übrigens nicht die Sportart, sondern das für die U-Boot-Suche eingesetzte Sonar im Zweiten Weltkrieg, dessen Schallwellen beim Auftreffen als Pinggeräusch wahrgenommen wurden.

PLONKEN [*zu engl. to plonk = knallen, plumpsen*] Viele Internetnutzer surfen Magazine und Blogs nicht mehr direkt an, sondern lesen sie stattdessen in einem »Feedreader«, der, auf einer Seite gebündelt, den Inhalt abonnierter Webseiten anzeigt. Zwar lässt sich so eine größere Anzahl von Seiten verfolgen, es steigt aber auch die Informationsdichte. Um diese zu bewältigen, kann der Nutzer individuelle Regeln definieren, nach denen für ihn uninteressante Inhalte ausgefiltert werden. Dieser Vorgang heißt im ↑**NETZJARGON** plonken. Woher der Begriff stammt, ist unklar, aber einer populären These nach ist plonken eine lautmalerische Umschreibung für das Hängenbleiben im Filter, vergleichbar dem Geräusch eines in den Mülleimer geworfenen Gegenstands.

POWERUSER [*von engl. power = Macht und engl. user = Benutzer*] Im ursprünglich engen Bedeutungsrahmen ist der Poweruser ein erfahrener Computernutzer, dem in gemeinsam genutzten Systemen weitreichende Benutzerrechte eingeräumt wurden. Mittlerweile schließt der Begriff all diejenigen ein, die auf einer entsprechenden virtuellen Plattform aktiv und erfolgreich agieren. Beim Internetauktionshaus eBay werden besonders aktive Händler zu **POWERSELLERN,** Powergamer sind den ↑**NOOBS** haushoch überlegen und in Communitys liefern die **TOPSUBMITTER** quantitativ oder qualitativ die meisten Beiträge.

PROGS [*Abkürzung für: Programme*] Jedes Notebook bekommt man heute mit einer Grundausstattung an Software zur Text-, Bild- und Videobearbeitung. Wenn man dennoch bestimmte Player oder Zusatzsoftware braucht, lädt man sich diese Programme, kurz Proggies, einfach aus dem Internet runter. Klappt das nicht, muss man sich als ↑**NOOB** outen und nach Geeks im Bekanntenkreis suchen, die beim **PROGGEN** behilflich sein können.

PWNEN [*engl. ugs to own sb. = es jemandem zeigen*] Unter ↑**GAMERN** bedeutet pwnen (sprich: ponen), jemanden zu besiegen und vernichtend zu schlagen. Dem urbanen Mythos zufolge hat pwnen seinen Ursprung in einem Tippfehler. Denkbar ist auch eine Zusammensetzung aus power (engl. für: Macht) und owner (engl. für: Besitzer), da der Sieger durch seine Macht die anderen dominiert. Fest steht: Pwnen ist ein wichtiger Begriff in der Szene und erklärtes Ziel bei vielen Computerspielen. Man kann an ihm perfekt die Grundlagen der Wortbildung durchexerzieren: Das Substantiv Pwn ist der Sieg, die Pwnage ist die damit errungene Vorherrschaft, der Pwner ist der Gewinner, der alle ↑**NOOBS** dominiert. Und das Eigenschaftswort pwned oder pwnd steht für besiegt. Dieses kleine Wort ist also so unscheinbar wie produktiv.

QUEST [*engl. für: Suche*] In der griechischen Mythologie musste Odysseus im Zuge seiner 10-jährigen Irrfahrt viele verschiedene Abenteuer bestehen und Rätsel lösen. Heutzutage würden Computerspieler derlei Abenteuer eher Quests nennen. So werden nämlich in Rollenspielen oder Adventures einzelne Aufgaben bezeichnet, die der ↑**GAMER** im Laufe des Spiels zu bewältigen hat, wenn er das nächste Level erreichen will. In der Regel muss dabei ein bestimmter Ort gefunden werden, wo z. B. ein bestimmter Gegenstand gefunden oder ein Gegner besiegt werden muss. Das Spiel selbst besteht aus einer Aneinanderreihung einzelner Quests, die es zum Erreichen des Ziels zu lösen gilt.

REGGEN [*Kurzform für: registrieren*] Wenn man im Internet unterwegs ist, muss man sich auf vielen Webseiten oder in Communitys erst mit ↑**NICK-NAMEN,** Passwort und E-Mail-Adresse anmelden, bevor man die angebotenen Dienste in vollem Umfang nutzen kann: Man muss sich registrieren – reggen.

REVERT [*zu engl. to revert = zurückkehren*] Schock! Mysteriöse Taste gedrückt und die eben erstellte Tabelle besteht nur noch aus Hieroglyphen? Zum Glück gibt es eine Tastenkombination, die wohl jeden, der tagtäglich am Computer arbeitet, mindestens einmal gerettet hat: Strg + Z. Denn damit kann ein Arbeitsschritt rückgängig gemacht und der vorherige Stand wiederhergestellt werden. Diesen Vorgang nennt man **REVERTIEREN.** Ein Revert ist ein wiederhergestelltes, weil rückgängig gemachtes Dokument.

ROFL [*Abkürzung für engl. rolling on (the) floor laughing = sich vor Lachen kugeln*] Rofl wird in Games, Chats etc. zum Ausdruck eines hemmungslosen Lachanfalls benutzt. Diese Steigerung des ↑LOLLENS schwappt mehr und mehr aus der virtuell-schriftlichen in die real-mündliche Kommunikation. Wenn also der Gesprächspartner verzückt »rofl, der war gut« ruft, dann hat er keineswegs Artikulationsprobleme, sondern amüsiert sich gerade prächtig über einen Witz.

RUNTERRECHNEN Festplatten werden zwar immer größer und billiger, trotzdem ist es mitunter notwendig, Dateien möglichst klein zu halten. Fürs ↑UPPEN ins Internet oder das Übertragen auf mobile Geräte werden deshalb große Files heruntergerechnet, indem man mit der entsprechenden Software das Bildformat von Fotos oder Videos verkleinert oder Abstriche bei der Qualität in Kauf nimmt und Dateien stark komprimiert bzw. in andere, weniger speicherplatzintensive Formate umwandelt. Im übertragenen Sinn lassen sich mittlerweile auch Inhalte von Referaten oder Streitigkeiten herunterrechnen und damit verkleinern.

SAUGEN Das legale oder illegale Herunterladen von Musik, Filmen und Programmen aus dem Internet wird umgangssprachlich als saugen bezeichnet. Seitdem schnelle Internetverbindungen und Flatrates in fast jedem Haushalt zum Standard gehören, können selbst große Dateien problemlos in kürzester Zeit auf den eigenen PC geladen werden. Alles, was man so saugen kann, ist natürlich vorher von irgendjemandem hochgeladen worden. Wer aktiv in ↑PEER-TO-PEER-NETZWERKEN ↑FILE-SHARING betreibt, kann sich Dateien von anderen privaten Rechnern saugen.

SCREENAGER [*Zusammenziehung aus engl. screen = Bildschirm und Teenager*] Die Kinder, die grundsätzlich alles langweilig finden, was nicht vor einem Bildschirm stattfindet, werden immer jünger. Vor allem Teenager, also die Generation der ↑**DIGITAL NATIVES,** verbringen inzwischen oft einen Großteil ihrer Zeit vor Fernsehern, Computern oder Spielkonsolen und bilden damit die Gruppe der sogenannten Screenager. Viele Eltern kritisieren diese Verschiebung vom Draußen zum Drinnen und fragen oft ihren Nachwuchs, warum denn das neueste Soccergame auf der Playstation gespielt werden muss, wo man doch genauso gut draußen richtig Fußball spielen könnte.

SCRIPTKIDDIE [*von engl. script = Skript und engl. kid = Kind*] Die Hackerszene versteht sich als freiheitsliebende Gemeinschaft von Programmierern und Technikenthusiasten, die Autoritäten hinterfragt, auf Probleme hinweist und sich deren Lösung verschrieben hat. Aus diesem Selbstverständnis heraus bilden Scriptkiddies sozusagen den Bodensatz der

Für die Screenager ist der Bildschirm das Fenster zur Welt. Wenn das Intertainment lockt, vergessen sie schnell die Zeit.

Szene: Statt wie Hacker eine Programmiersprache zu erlernen, ↑**CO-PYPASTEN** sie Quellcodes aus bestehenden Programmen zusammen, mit dem Ziel, in fremde Computer einzudringen, um dort Schaden anzurichten. Sie verstehen also wenig von Computersicherheit, erfreuen sich aber an geglücktem Computervandalismus.

Neorentner entdecken das Internet für sich. Als Silversurfer gehen sie auf digitale Entdeckungsreise.

SILVERSURFER [*Zusammensetzung aus engl. silver = Silber und surfen = ugs. für das Internet benutzen*] Viele ↑**NEORENTER** sind nicht nur dem Leben an sich, sondern auch technischen Neuerungen gegenüber sehr aufgeschlossen. Ende der 1990er-Jahre wurden die über 50-jährigen Internetnutzer von den Marketingexperten entdeckt: grau- bzw. silberhaarig, kaufkräftig und internetaffin – die Zielgruppe der Silversurfer war geboren.

SKILLEN [*zu engl. skill = Fähigkeit*] Spieler von ↑**MMORPGS** sind stets darum bemüht, ihre ↑**CHARACTER** zu optimieren. Dies kann sowohl durch das ↑**LEVELN** als auch durch das Skillen erreicht werden. Letzteres bedeutet, die Fertigkeiten der Spielfigur durch Training zu verbessern. Im Prinzip gilt also wie in der Schule »üben, üben, üben«, um die für die Verbesse-rung erforderlichen Extrapunkte zu sammeln.

SKILLER [*zu engl. skill = Fähigkeit*] So mancher jugendliche Computerspieler träumt insgeheim davon, sein Hobby zum Beruf zu machen und als professioneller ↑**GAMER** in Turnieren um Preisgelder zu kämpfen oder in hoch dotierten Ligen wie der Electronic Sports League in Deutschland anzutreten. Doch nur wer ein absoluter Skiller ist, also durch seine Fähigkeiten und sein Geschick hervorsticht, hat die Chance auf eine Karriere im ↑**E-SPORT.**

SLASHDOTTING [*zu engl. ugs. slash-dotted = überlastet*] Traum vieler unbekannter Blogger oder nach Aufmerksamkeit strebender Webseitenbetreiber ist es, von einem wichtigen **ONLINEMAGAZIN** verlinkt zu werden. Ist der große Tag dann tatsächlich gekommen, brechen die bis dahin wenig frequentierten Webseiten oft innerhalb kurzer Zeit unter dem Besucherandrang zusammen. Dieser Effekt wird nach dem Onlinemagazin »Slashdot« Slashdotting genannt. Warum? »Slashdot« löste zum ersten Mal regelmäßig solche Effekte aus. Analog dazu spricht man im deutschsprachigen Teil der Internetwelt auch vom Heise-Effekt: Eine Webseite ist **GEHEIST,** wenn sie bei »Heise online« oder anderen großen Onlinemedien erwähnt wird und daraufhin unter dem Besucheransturm zusammenbricht, weil sie nicht auf so viel Traffic ausgelegt ist.

SNIPER [*engl. für: Heckenschütze*] Scharfschützen, die in einem Hinterhalt lauern, bis jemand in ihr Fadenkreuz gerät, sind im echten Leben ein Albtraum und bieten in Hollywood Stoff für unzählige Actionfilme und Thriller. In Computerspielen gelten sie schlicht als unsportlich und feige. Spieler, die diese miese Taktik anwenden, werden auch ↑**CAMPER** genannt,

wenn sie zum Beispiel auf wehrlose ↑**NOOBS** beim **SPAWNPUNKT** warten, um sie dort zu ↑**FRAGGEN.**

SNIPPET [*engl. für: Bruchstück, Ausschnitt, Schnipsel*] Urteilt ein Literaturkritiker, ein Buch wirke wie aus vorgefertigten Textbausteinen zusammengestückelt, ist das wenig schmeichelhaft für den Autor. Anders liegt der Fall bei Programmierern, bei denen die Verwendung von Snippets, also vorgefertigten Text- oder Quellcodeschnipseln, die in der Szene geläufig sind, auf allgemeine Anerkennung stößt. Das ist gängige Praxis und als effiziente Arbeitsweise anerkannt. Ursprünglich kommt der Begriff aus der Musik, vor allem aus dem Hip-Hop, wo Snippet einen Zusammenschnitt von Ausschnitten aus verschiedenen Musikstücken bezeichnet, z. B. um ein noch nicht veröffentlichtes Album bekannt zu machen.

SPAWNEN [*zu engl. to spawn = etwas hervorbringen*] In Onlinespielen bedeutet spawnen das (Wieder)einsteigen einer Spielfigur ins Geschehen. Auch das Erscheinen von Gegenständen oder Waffen an bestimmten Punkten im Spiel wird damit bezeichnet. Das Warten an festen **SPAWNPUNKTEN,** um die Ankömmlinge dort direkt zu ↑FRAGGEN, wird als **SPAWN-CAMPEN** bzw. **SPAWNKILLING** bezeichnet und gilt als unsportlich, da es die schwache Position des Gegners missbraucht.

SPLITSCREEN [*engl. für: geteilter Bildschirm*] Bei manchen Videospielen wird der Fernseher oder Monitor im Mehrspielermodus entsprechend der Teilnehmerzahl in gleich große Bereiche aufgeteilt. So praktisch dies sein mag, kann dieses Splitscreenverfahren das Vergnügen beim Daddeln aber auch schmälern. Die verkleinerten Bildausschnitte machen viele Handlungen selbst auf großen Bildschirmen unübersichtlich oder können sogar die komplette Spielidee ad absurdum führen: Denn nicht in jedem Game ist es unbedingt förderlich, wenn der Gegner jederzeit weiß, wo man selbst gerade ist. Praktisch dagegen ist der Splitscreen für alle ↑CHANNELHOPPER, Multitasker und Unentschlossene. Denn die können durch den Splitscreen mehrere Fernsehprogramme gleichzeitig sehen.

SPOOF [*engl. für: Schwindel, Ulk*] Hier hat sich ein Begriff aus der IT-Technik seinen Weg in fachfremde Kreise gebahnt. Ursprünglich ist ein Spoof die Verschleierung der eigenen Computeridentität, um Zugang zu bestimmten Informationen zu erhalten. Einer breiteren Masse ist der Terminus mittlerweile als Bezeichnung für eine Parodie geläufig, die kunstvoll und kenntnisreich ihre Vorlage (z. B. Werbespots, Musikvideos oder Nachrichten) veralbert, meist allerdings ohne kritisches Element. Besonders am 1. April wimmelt es daher im Internet von Spoofs, die Leute hinters Licht führen sollen.

SUBMITTER [*engl. für: Sender*] Die verschiedenen Internetangebote mit ↑USER-GENERATED CONTENT ziehen täglich Millionen von Menschen in ihren Bann, die Unmengen von Wortbeiträgen erstellen, Fotos und Videos ↑UPPEN oder **SOCIAL BOOK-MARKS** vergeben, um Inhalte anschließend miteinander zu teilen. Diese Submitter unterscheiden sich durch unterschiedliches Engagement. Als **TOPSUBMITTER** wird von der Community geadelt, wer in den **RANKINGS** durch die Qualität oder Quantität seiner Beiträge besonders heraussticht.

TAGCLOUD [*engl. für: Schlagwortwolke*] Man kennt sie von Plattformen wie Flickr, Technorati, Del.icio.us und Co., wo täglich Unmengen neuer Daten anfallen: flächig angezeigte, alphabetisch sortierte Schlagwortlisten, bei denen die Größe und Hervorhebung der Wörter etwas über deren Gewichtung aussagt. Diese Tagclouds entstehen, indem User ihre Inhalte nach dem ↑UPPEN mit **SOCIAL TAGS** belegen und für die Allgemeinheit so leichter auffindbar machen. Wer aber glaubt, dass Tagclouds eine Erfindung des ↑WEB 2.0 sind, ist auf dem Holzweg. Bereits im Jahr 1980 zeigte das Buch »Tausend Plateaus. Kapitalismus und Schizophrenie« von Gilles Deleuze und Felix Guattari eine solche Begriffswolke auf dem Cover.

TEKKI Mitglieder der Star-Trek-Fangemeinde bezeichnen sich selbst als Trekkis und erkennen einander in der Öffentlichkeit an bestimmten T-Shirts oder Uniformen. Von Trekki abgeleitet ist Tekki, eine abkürzende Bezeichnung für einen Technikfreak, der in der Öffentlichkeit kaum auffällt, da ihn seine Leidenschaft eher dazu zwingt, zu Hause zu bleiben und sich mit seiner neuesten elektronischen Errungenschaft zu beschäftigen. Entschuldigt man sich auf einer Party für das Fehlen der besseren Hälfte mit der Begründung, sein Tekki könne wegen des neuen Computers nicht kommen, spricht daraus keine Eifersucht. Vielmehr ist es Ausdruck eines liebevollen Verständnisses für die kindliche Begeisterung des Partners.

THUMBNAIL [*engl. für: Daumennagel, Vorschaubild*] Diese kleinen Bildchen und Grafiken dienen auf dem Computer und im Internet als Vorschau für Foto- oder Videodateien. Wenn man seine Bild- und Videodateien nicht benannt, sondern nur durchnummeriert hat, helfen diese Bildkacheln, das Gesuchte auf dem eigenen PC zu finden. Im Internet dienen Thumbnails dazu, die Datenmengen auf einer Website gering zu halten. So kann der User das gewünschte Bild auswählen und muss sich nicht durch alle Fotos klicken, was lange Ladezeiten bedeuten würde.

TOOLBAR [*engl. für: Werkzeugleiste, Symbolleiste*] PC-Programme warten heutzutage mit einem Funktionsumfang auf, der weit über alltägliche Bedürfnisse hinausgeht. Gut, dass es die Toolbar gibt. Sie sorgt dafür, dass angesichts wachsender Komplexität die ↑USABILITY nicht auf der Strecke bleibt. Als horizontal oder vertikal positionierte Werkzeugleiste gestattet sie per Mausklick den Schnellzugriff auf die wichtigsten Programmfunktionen. Mittlerweile bieten auch sämtliche Suchmaschinenanbieter Toolbars als ↑ADD-ON für Browser an, die dem

Tagclouds sind ein einfaches Mittel zur Informationsvisualisierung. Die abgebildete Wortwolke verschlagwortet das Vorwort dieses Wörterbuches.

User direkten Zugriff auf die Dienste der Unternehmen gestatten. Gleichzeitig wimmelt es im Netz von unseriösen Anbietern, deren Symbolleisten kommerzielle Angebote bewerben oder versuchen, den Nutzer mit gefälschten Warnhinweisen zum Kauf von Software zu verleiten.

TOOLTIP [*engl. für: Kurzinfo*] Wenn man in einem Softwareprogramm ein Werkzeug mit der Maus auswählt, aber nicht anklickt, dann erscheint nach kurzer Wartezeit ein Erklärtext zu dieser Schaltfläche. Man erhält also zu dem jeweiligen Tool (engl. für: Werkzeug oder Hilfsmittel) einen Tipp. Diese Quickinfos erscheinen hin und wieder auch auf Homepages, wenn man mit der Maus über einen Link oder ein Bild fährt. Dieser **MOUSEOVERTEXT** zeigt dann den Quellennachweis des Bildes an oder wohin die Seite verlinkt. Während also der Tooltip eine Bedienungshilfe ist, enthält der Mouseovertext Zusatzinformationen.

TOPIC [*engl. für: Thema, Inhalt*] In TV-Diskussionsrunden reden die Teilnehmer nicht nur häufig durcheinander, sondern schweifen auch gerne vom eigentlichen Thema ab. Ähnliches passiert auch in Internetforen – mit dem Unterschied, dass solches Verhalten dort in der Regel nicht unkommentiert hingenommen wird. Wer innerhalb eines Disskussionstrangs, auch Thread oder eingedeutscht ↑FRED genannt, vom Topic abweicht, kann sich als Kommentar ein knappes »OT« einhandeln. Diese flapsige Abkürzung steht für »off topic« und degradiert den Post als vom Thema abweichend und damit irrelevant.

TRACEN [*zu engl. to trace so./sth. = jmd./etw. ausfindig machen, verfolgen*] Es soll ja immer noch Internetnutzer geben, die sich einbilden, man könne sich völlig anonym durchs Netz bewegen. Dabei hat jeder Computer, der online ist, eine aus einer Ziffernfolge bestehende, identifizierbare IP-Adresse. Diese wird beim Aufrufen einer Webseite übermittelt. Durch das Tracen, die Rückverfolgung dieser IP-Adresse, kann so ganz einfach die Identität und theoretisch sogar der physikalische Standort des Besuchers ermittelt werden.

TRACKEN [*zu engl. to track = verfolgen, zurückverfolgen*] Viele Internetangebote zeichnen mehr oder weniger unbemerkt Klickverhalten und Daten ihrer Besucher auf, um die Ergebnisse für Marktforschung und Marketing nutzen zu können. Für dieses Tracking stehen Webseitenbetreibern diverse Dienste von Drittanbietern zur Verfügung. Das Tracken selbst funktioniert dabei auf relativ simple Art: Auf jeder Seite des Angebots wird ein kleines Programm eingebaut, das beim Aufrufen der Seite Daten an den Trackingdienst übermittelt. Dort werden diese gesammelt und in Tabellen und Grafiken für den Webseitenbetreiber optisch aufbereitet.

TRAPDOOR [*engl. für: Falltür*] Falltüren führen klassischerweise in Geheimeingänge. Analog dazu verschaffen sich Hacker oder ↑SCRIPT-KIDDIES durch sogenannte Trapdoors Zugang zu Computern, Netzwerken oder Programmen, indem sie Sicherheitslücken aufspüren und ausnutzen. Manchmal aber werden solche Hintertürchen von den Entwicklern auch bewusst eingebaut, damit ihnen später selbst der Zugang zum System offen bleibt.

TROLL Der Troll, der sich in der Fabelwelt die bösen, kleinen Streiche ausdenkt, ist im digitalen Zeitalter angekommen. Ein Troll ist ein Webquerulant, der zwanghaft provozierende Diskussionsbeiträge, sogenannte **TROLL-POSTS,** in Foren und Blogs postet, um sich anschließend an den erbosten Antworten aus der Community zu erfreuen. Wenn man sie erkennt, sollte man sie am besten nicht füttern, sondern ignorieren. Denn wenn keiner anbeißt, zieht sich der Troll gelangweilt zurück. Als Verb kann trollen im Bereich der Netzkultur generell für »jemanden hinters Licht führen« verwendet werden.

ÜBERTAKTEN Vergleichbar einem getunten Auto lassen sich auch Computer **↑PIMPEN:** Das Übertakten ist unter Nerds und **↑GAMERN** ein beliebtes Mittel, mehr Leistung aus ihrem Rechner herauszukitzeln, als vom Hersteller ursprünglich vorgesehen. Dabei wird die Taktfrequenz des Prozessors oder anderer Computerkomponenten wie der Grafikkarte angehoben, indem deren Betriebssoftware entsprechend manipuliert wird. Negativer Begleiteffekt: Mit höherer Leistung steigt auch die Wärmeentwicklung. Damit die getunten Rechenknechte nicht überhitzen, wird beim **↑CASE-MODDING** mit Kühlsystemen nachgerüstet.

UPPEN [*zu engl. up = hoch, hinauf*] Internetprovider bewerben ihre Flatrateangebote mit immer schnelleren Downloadgeschwindkeiten. Die Uploadrate spielt beim Marketing dagegen eher eine Nebenrolle. Doch gerade für die wachsende Zahl von Internetnutzern, die im Zuge von **↑WEB 2.0** regelmäßig Multimediadateien ins Internet uppen, wird die Transfergeschwindigkeit beim Hochladen zunehmend wichtiger.

USABILITY [*engl. für: Benutzerfreundlichkeit*] Die Programmierung eines Videorekorders war früher eine sportliche Herausforderung und fast regelmäßig ein Paradebeispiel für fehlende Benutzerfreundlichkeit. Mit dem rasanten technischen Fortschritt sind es heutzutage komplexer werdende Software, digitale Geräte oder Webseiten, die den durchschnittlichen Nutzer mit ihrer fehlenden Usability in den Wahnsinn treiben. Umgekehrt erfreuen sich gerade die Produkte größter Beliebtheit, die selbsterklärend und intuitiv zu bedienen sind. Als Faustregel für eine gute Usability gilt daher: genial einfach, einfach genial.

USER-GENERATED CONTENT [*engl. für: vom Internetnutzer erstellte Inhalte*] Dieser durch das **↑WEB 2.0** geprägte Begriff umfasst alle Inhalte einer Website, die nicht von der Redaktion, sondern von Usern selbst erstellt wurden. User-generated Content (UGC) können Forenbeiträge, Chatdiskussionen, hochgeladene Bilder und Videos, Blogeinträge, Artikel oder Umfragen sein, kurz: alles, was der Nutzer selbst gestaltet. Das erklärte Ziel von vielen kommerziellen Webportalen ist es, den Useranteil an der Seite möglichst hochzuhalten, sodass mit geringstmöglichem redaktionellem Verwaltungsaufwand möglichst viel Inhalt generiert werden kann. Außerdem steigern aktive User die Klickzahlen, was wiederum zu einem besseren ↑PAGERANK führt.

VERBUGGT [*zu engl. bug = Programmfehler*] Ein Bug ist ein Fehler in einer Software oder in einem System. Wenn ein ↑PROG verbuggt ist, dann ist es ergo voller Fehler. Da hat dann jemand richtig was verbockt.

VLOG [*Abkürzung für: Videoblog*] Ein Blog ist eine Art Tagebuch mit Kommentarfunktion, das online geführt wird. Im Gegensatz zu den streng gehüteten Aufzeichnungen von Teenagern früherer Tage ist die digitale Version für andere User im Netz abrufbar und öffentlich zugänglich. Werden die Einträge in Form von selbst gedrehten Filmchen auf eine Website gepostet, wird aus dem Blog ein Vlog. Bands nutzen solche Videotagebücher gerne auf ihrer MySpace- oder Internetseite, um ihren Fans Einblick in ihren Tourneealltag zu geben.

VODCAST [*Zusammensetzung aus Video und Podcast*] Podcasts sind inzwischen weit verbreitet und sehr beliebt. Diese kleinen Hörfunkbeiträge, die Mitschnitte aus Radiosendungen, eigenständige Reportagen nach Interessengebieten oder einfach nur Musikempfehlungen sein können, lädt man sich legal (kostenlos oder gegen eine Gebühr) aus dem Internet herunter und schiebt sie auf seinen MP3-Player. Mittlerweile sind Podcasts auch als Videobeiträge, den sogenannten Vodcasts, abrufbar. Selbst die Kanzlerin, Angela Merkel, äußert sich regelmäßig zu politischen und gesellschaftlichen Themen via Vodcast. Diese Video- oder Audiobeiträge werden von Radio- und Fernsehsendern, aber auch von bestimmten Websites und Privatpersonen angeboten und können mithilfe eines Mediaprogramms abonniert werden, das regelmäßig die neuesten Versionen automatisch aus dem Netz lädt. Das Beste daran ist: Man kann Vodcasts immer und überall, je nach Lust und Laune ansehen und ist vollkommen unabhängig von festgelegten Sendezeiten.

WAYNE In der schriftlichen Netzkommunikation ist es weit verbreitet, einzelne Worte durch ähnlich klingende Nachnamen zu ersetzen. So wird in Chats und Foren aus dem Satz »meine Güte, wen interessierts« z. B. »meine Goethe, Wayne interessierts« oder einfach nur kurz »wayne«. Letzteres hängt vermutlich nicht nur damit zusammen, dass im Deutschen der Name Wayne in der Aussprache dem Interrogativpronomen »wen« ähnelt, sondern auch damit, dass sich die Westernikone John Wayne durch eine vergleichsweise reduzierte Mimik auszeichnete, die stets eine gewisse Gleichgültigkeit ausstrahlte.

WEB 1.0 Das Platzen der Dotcomblase im Jahr 2000, bei der unzählige Anleger Milliarden verloren haben und nur große, profitable Webunternehmen wie Amazon, Google oder eBay überlebten, läutete eine Zäsur in der Entwicklung des Internets ein. Rückblickend wird die gute alte Zeit, in der Webinhalte im Gegensatz zum ↑WEB 2.0 überwiegend von Unternehmen oder Redaktionen erstellt wurden und Internetnutzer eher passiv waren, analog zu den Versionsnummern, die eine Software im Laufe ihrer Evolution durchläuft, als Web 1.0 bezeichnet.

WEB 2.0 Im Internet hat ein Paradigmenwechsel stattgefunden. Erleichterte uns das ↑WEB 1.0 hauptsächlich das Sammeln von Informationen, will das Web 2.0, dass wir mitmachen. Durch Interaktion und regen Austausch gekennzeichnet, arbeiten Menschen kollaborativ an ↑WIKIS und teilen Expertenwissen, kreieren und verbreiten eigenen Meinungen in Blogs und teilen in Communitys wie Flickr oder YouTube Fotos und Videos. Durch Plattformen wie MySpace oder Facebook bauen die User großflächig ↑SOCIAL NETWORKS auf und pflegen ihre Kontakte. Mit dem Web 2.0 hat sich also das Internet als Dialogmedium und eine Infrastruktur etabliert, die es den Usern ermöglicht, eigene Inhalte einer breiten Öffentlichkeit zugänglich zu machen.

WEBCIETY [*Zusammensetzung aus Web und engl. society = Gesellschaft*] Communitys, ↑SOCIAL NETWORKS und das ↑WEB 2.0 werden immer bedeutender, Kommunikation und zwischenmenschliche Kontakte verlagern sich ins Netz. Webciety gibt dieser vernetzten Onlinegesellschaft seit der Cebit 2009 einen Namen. Dabei ist die virtuelle Gemeinschaft nicht als Gegenpart zum realen ↑FIRST LIFE zu verstehen, sondern als dessen Verlängerung ins Internet. Die Mitglieder der Webciety werden zu globalen Netzbürgern (↑NETIZEN).

WEBNAPPING [*Zusammensetzung aus Web für Internet und Kidnapping*] Kommerzielle Internetseiten haben ein reges Interesse daran, möglichst viele User zum Klick auf die verlinkten Werbeanzeigen zu bewegen. Deshalb werden Banner, Logos, Popups und **CONTENT-ADS** platziert, um den User auf eine andere Website zu locken. Einmal angeklickt, findet sich der Surfer plötzlich auf der ↑LANDINGPAGE einer Produktseite wieder, die er gar nicht ansteuern wollte. Dieses Entführen des Nutzers bezeichnet man als Webnapping.

WIDGET [*engl. ugs. für: Ding, Kniff*] Nutzer von Apple-Computern kennen die nützlichen Helfer vom ↑DASHBOARD, aber auch Windows- und Linux-User können sie auf ihrem Desktop installieren. Widgets sind kleine Programme (↑APPS), die keine eigenständigen Anwendungen, sondern in eine grafische Benutzeroberfläche oder Webseite eingepasst sind. Das Angebot dieser Hilfs- und Dienstprogramme ist breit gefächert. Beliebt sind besonders Wettervorhersagen, Taschenrechner, Nachrichtenticker, Übersetzungsmodule oder auch Widgets populärer Onlinecommunitys, die den User über Neuigkeiten in seinem sozialen Netzwerk auf dem Laufenden halten.

Vorglühen bis um drölf. Aufbitchen zu
und abspacken. Am Morgen danac
planung ist so vielfältig wie esse
Komasäufer oder Aquaholiker – Fe
Party muss sein.

Nightlife

howtime. Im Massenpuls bouncen
in Konterbier zum Brinner. Abend-
iell. Egal ob krasscore oder low,
rn gehört dazu, Feiern verbindet,

ABFLASCHEN Eine Flasche ist ein Verlierer, ein Nichtskönner, ein Versager. Abflaschen ist die dazugehörige Tätigkeit oder in diesem Fall besser: das Nicht-tätig-Sein. Denn wer abflascht, der hat verloren, zieht den Kürzeren, ist am ablosen und verliert einfach haushoch. Vorsicht: Wer beim Schreiben dieses Wortes auf das »c« verzichtet und **»ABFLASHEN«** schreibt, der meint dann etwas völlig anderes, nämlich das Abgehen zu etwas Ultrageilem.

ABTURN Ein Abturn ist etwas, das nervt, einen aufregt und gar nicht passt, mit der Folge, dass man die Lust daran verliert. Ein Abturn kann vieles sein: Wenn die Warteschlange vor dem Club mal wieder bis zur nächsten Straßenecke reicht, wenn die neue Bekanntschaft zur Verabredung in ↑**BAZONGKLAMOTTEN** erscheint oder wenn man im Zug einen müffelnden Nebenmann erwischt. Abturns müssen nicht für alle Menschen gleich sein – jeder hat seine persönlichen ↑**NO-GOS** – Grenzen, die kein anderer überschreiten sollte.

AGGRO [*kurz für: aggressiv*] Das Berliner Plattenlabel Aggro-Berlin hatte sich auf Rapper mit brutalem Image und übertrieben harten Texten spezialisiert, hielt Aggressivität für einen Grundpfeiler unserer Kultur und hat sich 2009 aufgelöst. Der Begriff aggro steht davon unberührt weiter als geläufiges Kürzel für »aggressiv«. Wenn von jemandem gesagt wird, er sei »voll aggro«, kann damit körperliche Aggression oder Aggressionsbereitschaft ebenso gemeint sein wie rein verbale Aggressivität.

AMTLICH Das Amt als Ort, an dem alles superkorrekt und ordentlich abgewickelt wird, hat es geschafft, sich in bestimmten Kreisen als bürokratischer Albtraum zweifelhaften Respekt zu verschaffen. Die Schlussfolgerung scheint etwas eigensinnig, aber für etwas, was gewissermaßen von höchster Instanz abgesegnet wurde, ist »amtlich« ein Attribut der Extraklasse. Was amtlich ist, ist also super, ↑**FETT** und **GEILOMAT**. Amtlich können Partys sein, die von der Szene offiziell für gut befunden werden, bei denen alles stimmt: Sound, Getränke, Stimmung, Publikum. Der Begriff lässt sich auf alle Lebensbereiche anwenden. So kann vom amtlichen T-Shirt ebenso die Rede sein wie von einer amtlichen Karre, die zumeist ein Kultauto bezeichnet, das die Blicke der anderen Verkehrsteilnehmer magisch auf sich zieht.

AQUAHOLIKER [*Zusammensetzung aus lat. aqua = Wasser und Alkoholiker*] Menschen, die selbst auf Partys Alkohol meiden und nur Wasser trinken, sind Aquaholiker. Dazu zählen nicht nur diejenigen, die noch Auto fahren müssen, sondern generell Leute, die sich dem Alkohol nicht so hingezogen fühlen. Besonders intensiv leben diesen Stil Anhänger von ↑STRAIGHT EDGE, auch wenn man es ihnen auf den ersten Blick gar nicht ansieht.

AUFBITCHEN [*zu engl. ugs. bitch = Schlampe*] Beim Ausgehen trifft man immer wieder auf Frauen, die so aussehen, als seien sie in einen Farbkasten gefallen. Sie vereinen alle Regenbogenfarben auf ihren Augenlidern, malen sich die Lippen knallrot an und tragen Outfits, die einem die Schamesröte ins Gesicht treiben. Diese Damen haben sich für das Nachtleben nicht aufgehübscht, sondern aufgebitcht, so sehr, dass ganz offensichtlich der Style ins Billig-Niveaulose abgedriftet ist. Mit Ausnahme der ↑PLAYER oder ↑PIMPS würden die meisten solche Damen wohl als optisches Foul deklarieren.

BASH [*Abkürzung von engl. bashment = Party*] Ursprünglich in der Karibik als Bezeichnung für eine Hinterhofparty verwendet, schwappte das Wort in die englische Sprache. Bei uns wird es heute synonym für Party verwendet, insbesondere für eine, die mit Reggaeklängen untermalt ist. Ein besonderes Großereignis sind **B-DAY-BASHS** zur Feier eines Geburtstags oder zum Jubiläum eines DJ-Teams.

BASHEN [*zu engl. to bash = zerschlagen, zerstören*] Angreifer in Browsergames oder Personen im realen Leben können gebasht werden. Jemand macht sie dann psychisch oder körperlich fertig. Das in Studentenkreisen bekannte **PARTYBASHING** beispielsweise ist der Albtraum jeder WG-Fete. Leider trägt man gerade bei einer Privatparty das Risiko, dass sich die Einladung unkontrolliert via StudiVZ verbreitet oder der Feierlärm auf die Straße dringt und so die Störenfriede anlockt. Solche ↑PARTYPARASITEN gehören weggebasht!

BEEF [*engl. ugs. für Streit*] Mit »Da drüben gibts Beef« will der Gesprächspartner nicht etwa auf das Rindersteak im Restaurant gegenüber, sondern auf einen handfesten Streit aufmerksam machen. Beef bezeichnet im Hip-Hop-Jargon eine aggressive Auseinandersetzung zwischen zwei Rappern, die ihre Differenzen öffentlich und für alle nachvollziehbar in ihren Songs austragen und sich darin gegenseitig beleidigen. Diese verbalen Angriffe können handgreiflich werden, sollten die Kontrahenten real aufeinandertreffen. In diesem Merkmal unterscheidet sich das **BEEFEN** auch vom Dissen oder Batteln, wo es allein beim musikalischen Wortgefecht bleibt. Wer im Alltag Beef hat, der hat Stress mit dem Partner, Ärger mit den Eltern oder Streit mit einem Freund, der auch schon einmal in eine Prügelei ausarten kann.

BIERGARTELN Sich bei Föhnsonne im Biergarten verabreden, eine oder mehrere Maß trinken, die mitgebrachte Brotzeit essen und damit den ganzen Tag vertrödeln – das ist die Lieblingsbeschäftigung der Münchner bei schönem Wetter und wird gemeinhin auch als Biergarteln bezeichnet. Ist es der Klimawandel oder einfach nur der Erfolg der süddeutschen Lebensart? Auf jeden Fall erfreut sich das Biergarteln auch nördlich des Weißwurstäquators wachsender Beliebtheit, wo es einen »richtigen« Biergarten oft gar nicht gibt.

BLACK MUSIC Black Music ist der Oberbegriff für ursprünglich afroamerikanisch geprägte Musikstile wie Funk, Soul, Gospel und Blues. Inzwischen werden vor allem die Genres Hip-Hop und R'n'B darunter gefasst. Weil diese kommerziell erfolgreich sind, wird der Stempel Black Music zur Qualitätsmarke und ein Black-Music-Floor zum Muss in jeder Großraumdisco.

BOLLO Ein Bollo ist ein ↑EMO, der Hip-Hop hört. Es handelt sich also um einen Mann, der eine Mischung aus Indierocker und ↑HOPPER ist. Deshalb wird er auch Emopper genannt. Er kleidet sich wie ein Emo, trägt ↑SKINNY JEANS und Holzfällerhemden anstatt Baggypants und Longshirt. Dies ist nur ein Beispiel dafür, wie in Zeiten des ↑IDENTITYMANAGEMENTS unterschiedliche Szene- und Dresscodes kombiniert werden können.

BOUNCEN [*zu engl. to bounce = springen*] Wenn auf einem Konzert der Sänger das Publikum zum Bouncen auffordert, dann bewegt sich dieses vertikal in die Höhe. Aus dem Hip-Hop-Bereich kommend, steht das Wort zudem allgemein für das Tanzen zu ↑BLACK-MUSIC-Sound. Dabei bewegen sich die Mädchen nicht nur im Rhythmus zum Beat, sondern setzen auf erotischen Hüftschwung und wackeln mit dem Hintern, was das Zeug hält. Letztere Bewegung wird auch **SHAKEN** genannt. »Shake what ya mama gave ya!«

BRINNER [*Zusammensetzung aus engl. breakfast = Frühstück und engl. dinner = Abendessen*] Brunch, die Mischung aus Frühstück und Lunch, wird in der Regel bis in den Nachmittag in den Szenecafés der Großstädte serviert. Wer als Nachtschwärmer selbst diese Mahlzeit verschläft, dem bleibt dann wohl nur das Brinner, das Frühstück gegen Abend, das dann gleichzeitig auch die ↑**VORDERHOUR** einläuten kann.

BUDDELPARTY Wenn auf einer Einladung die kryptische Abkürzung **BYOB** (Abk. für engl. bring your own bottle) zu finden ist, ist das die anglisierte Form der deutschen Buddelparty und weist darauf hin, dass der Eingeladene selbst seine Getränke mitzubringen hat. Wo hierzulande die mitgebrachten Flaschen an zentraler Stelle gesammelt und in Selbstbedienung geleert werden, ist es andernorts üblich, dass jeder Gast wirklich nur das trinkt, was er mitgebracht hat.

CHIEFCHECKER [*von engl. chief = Chef und engl. to check = ugs. für verstehen*] Chiefchecker ist ein anderes Wort für Oberchecker – jemand, der den totalen Durchblick hat, immer weiß, wo was geht, und der die richtigen Leute für jede Lebenslage kennt. Dem Chiefchecker macht keiner was vor, und nur wenige können ihm das Wasser reichen. Er checkt alles, weiß alles, kann alles und meistert alles.

COUCHEN [*zu Couch*] Wer es sich zu Hause gemütlich macht, auf dem Sofa rumlümmelt und dabei den ausgeleierten Kuschelpulli und die bequeme Jogginghose trägt, coucht. Wenn man sich vorher durch einen Großeinkauf und den Besuch in der Videothek autark gemacht hat, kann ein ganzes Wochenende auf diese Weise verfaulenzt werden. Das Bett wird dabei zur Schaltzentrale. Hier wird gefrühstückt, gekuschelt, Video geguckt, Bier getrunken oder einfach nur im ↑**PYJAMALOOK** relaxt. Wozu erst den Schlafanzug ausziehen, wenn man sowieso nicht vorhat, vor die Tür zu gehen?

CRANK [*sprich: kränk*] Was im englischen Sprachraum als abwertende Bezeichnung für einen Sonderling gebräuchlich ist, dessen Ansichten vehement allgemein anerkannten Meinungen widersprechen, wird bei uns, wohl wegen der schriftbildlichen Nähe, synonym für krank benutzt. Hielt man früher so manchen Splatterfilm aufgrund seiner grafischen Brutalität für krank, ist dieser heute eben englisch ausgesprochen crank. An diesem Scheinanglizismus zeigt sich wieder, wie populär Englisch ist.

DERBE Mit derbe im Sinne von grob oder roh hat dieser hauptsächlich in Norddeutschland verwendete Szenebegriff wenig zu tun. Vielmehr wird derbe positiv im Sinne von super und auch gerne in Verbindung mit ähnlichen Adjektiven verwendet. So kann etwas derbe krass oder derbe geil gewesen sein oder das Wetter kann einfach nur derbe heiß sein. Ähnlich universell einsetzbar wie die mittlerweile antiquierten 1990er-Jahre-Füllwörter »mega« und »ultra« wird »derbe« von seinen Anhängern derbe häufig verwendet. In der Regel benutzen es insbesondere Sprecher, bei denen geschätzt jedes fünfte Wort **DIGGER** lautet.

DISCOSCHORLE Wo herkömmliche Schorle eher harmlos als verdünnte Saftmischung oder als alkoholreduzierter Weinschoppen daherkommen, ist die Discoschorle alles andere als unschuldig. Das im Nachleben beliebte Mischgetränk aus Wodka und dem Energydrink Red Bull, auch als Wodka Bull bekannt, schmeckt zwar eher wie Gummibärchensaft, hat es durch die Kombination von Alkohol und Koffein aber in sich, da man sich betrinken kann, ohne müde zu werden. Man muss nur aufpassen, dass man rechtzeitig aufhört, das Mischungsverhältnis ändert oder andere Gegenstrategien entwickelt, sonst liegt man irgendwann volltrunken, aber knallwach im Bett.

DÖNIEREN [*Zusammensetzung aus Döner und dinieren*] Ausgerechnet nach Berlin, der Heimatstadt der Currywurst, importierten türkische Gastarbeiter in den 70ern den Dönerkebab. Mittlerweile ist der sich drehende Fleischspieß zur ernst zu nehmenden Konkurrenz für urdeutsches Fast Food geworden. Wie beliebt er ist, zeigt sich nicht nur an den vielen Dönerbuden hierzulande, sondern auch an den kreativen Wortschöpfungen rund um den Döner. So döniert man in der **DÖNERIE** oder **DÖNERIA**, auch die Bevölkerungspyramide, die aufgrund der demografischen Entwicklungen keine Pyramide mehr ist, wird wegen ihrer neuen Form mit dem Gericht verglichen und zum **BEVÖLKERUNGS-DÖNER**. Sogar ein **DÖNERTIER** aus Plüsch zum Kuscheln gibt es, damit auch nachts kein Entzug droht. Eigent-

**Zwischen Vorder-
hour und Showtime
stärkt man sich in
der Döneria, um
sich dort eine gute
Grundlage für den
weiteren Abend zu
schaffen.**

lich logisch, denn, so das geflügelte
Wort: Nur Döner macht schöner.

DRÖLF Drölf bezeichnet irgendetwas
zwischen 11 und 14. Heute dient drölf
eher als Platzhalter für eine ungenaue
Zeitangabe. Die dreizehnte Stunde hat
sich besonders unter Nachtschwär-
mern durchgesetzt. Wenn Rolf sagt, er
komme wahrscheinlich erst gegen drölf
zur Party, dann ist zwischen 23 und 24
Uhr mit seinem Erscheinen zu rechnen.

DRUFFI [*zu ugs. druff = drauf*] Wenn
jemand eine Menge Drogen konsumiert

und deshalb high ist, dann ist er auf
Droge oder umgangsprachlich: druff.
Der Druffi ist dementsprechend der
Konsument, der unter dem Einfluss
von Rauschgift steht. Man trifft ihn vor
allem in der Electro-, Drum-'n'-Bass-
und Technoszene, wo synthetische
Drogen helfen, das ganze Wochenende
durchzutanzen. Anders als beim
↑**SPLIFFEN** drehen diese Leute total
auf, springen durch die Gegend und al-
bern herum. Deshalb wird der Begriff
Druffi auch für eine Person verwendet,
die nur Unsinn im Kopf hat und am **AB-
SPACKEN** ist, sich also nur so verhält,

als wäre sie auf Drogen, aber vermutlich gar nichts eingeworfen hat. Naturhigh gewissermaßen.

EMO [*zu emotional*] Emo stammt von Emocore und ist ursprünglich eine Unterart des Hardcorepunk. Heute ist Emo zunehmend vom Indierock geprägt und bezeichnet nicht mehr nur die Musikrichtung, sondern vor allem die dazugehörigen Anhänger und deren Style. Emos tragen mit Vorliebe ↑SKINNY JEANS, Karohemden und seit Neuestem auch geflochtene, pastellfarbene oder goldene Haarbänder, die die Haare nicht aus dem Gesicht halten, sondern die typische Ponysträhne vor das Auge hängen. Emoboys haben gern trendige Stofftaschen von diversen Bands dabei, ihre Füße stecken in schicken Sneakern oder edlen Lederslippern und das Revers ihrer Lederjacke, ihres Sackos oder ihrer Nylontrainingsjacke ziert eine Leiste von Ansteckbuttons. So zumindest das Klischee.

FANTASTILLIARDE [*Zusammensetzung aus Fantasie und Milliarde*] Wie ↑DRÖLF ist auch die Fantastilliarde eine Zahl, die es eigentlich gar nicht gibt. Sie ist unzählbar und ungenau, aber auf jeden Fall unglaublich groß. Bekannt wurde der Begriff durch die Donald-Duck-Comics, bei denen diese Fantasiezahl eine Teilsumme von Dagobert Ducks Fantastillionenreichtum bezeichnet. Der Begriff wird immer dann verwendet, wenn normale Superlative nicht mehr ausreichen, um eine enorm große Zahl auszudrücken.

FETT Fett können nicht nur Lebensmittel sein oder Personen, die zu viel davon gegessen haben. Umgangssprachlich steht dieses Adjektiv als universelles Synonym für jedes Gramm Positives. Darum gibt es fette Partys, fette Autos und fette Beats. Eingeschlichen hat sich das Wort mit der Hip-Hop-Bewegung über sein englisches Vorbild »phat«. Durch seine rasante Verbreitung ist es heute fast ausschließlich in der deutschen Schreibweise zu finden und wird in allen Lebensbereichen angewandt.

FLASHIG [*zu engl flash = Blitz*] Die Wirkung, nach der Drogenkonsumenten süchtig sind, kann rauschübergreifend als Flash bezeichnet werden. Genauso wie ein Drogenrausch angenehm oder unangenehm verlaufen kann, steht flashig allgemein für berauschend – hauptsächlich im Sinne von toll und super. Das Wort wird seltener auch dafür gebraucht, ein negatives Erlebnis zu umschreiben. So können ein Film oder Konzert genauso flashig sein, wie der Morgen nach dem ↑KOMASAUFEN, wenn man feststellt, dass man sich an nichts mehr erinnern kann, was dann vielleicht eher ↑SCARY ist.

FLATRATEPARTY Ursprünglich kommt die Flatrate aus dem Telekommunikationsgeschäft und ermöglicht nach Zahlung einer monatlichen Gebühr das unbegrenzte Telefonieren und Surfen im Internet. Die Idee des Einmalzahlens ist auch in andere Branchen übergeschwappt. Auf Flatrate-

partys zahlt man nur den Eintritt und kann dann den ganzen Abend lang trinken, ohne sich über die Kosten Gedanken machen zu müssen. Weil man sich aber lieber den Magen verrenkt, als dem Wirt etwas zu schenken, verstärken Flatratepartys den unter Teenagern verbreiteten Negativtrend des ↑KOMASAUFENS.

FLOWING [*zu engl to flow = fließen*] Flowing ist eine moderne, esoterische Art des Tanzens, bei der man seinen Körper erspürt und dessen Impulsen folgt. Das auch als **FLOWDANCE** be-

Dank Flatrateparty kann die gute alte Happy Hour einpacken. Trinken bis zum Umfallen bekommt beim Komasaufen eine völlig neue Bedeutung.

kannte Arbeiten mit instinktiven Bewegungen soll die eigenen Kräfte wiederbeleben, Geist und Körper in Einklang bringen und Blockaden lösen. Ob man dabei richtig losfetzt und wild abtanzt oder sich ganz still und meditativ in Yogahaltungen begibt, ist jedem selbst überlassen. Einfach auf den Fluss im eigenen Inneren hören und losflowen. Dann wirst du vielleicht eins mit der Welt und die Welt wird eins mit dir.

FRESH [*engl. für frisch*] Wenn die Klamotten, der Stil oder auch das Auto fresh sind, dann hat man alles richtig gemacht, denn dann ist man cool, stylish und absolut top. Wird man dann auch noch anerkennend mit »Du siehst heut aber fresh aus« begrüßt, dann hat man auch beim Styling und Make-up ein gutes Händchen bewiesen.

GESICHTSFASCHING Gesichtsfasching feiert derjenige, dessen Gesichtszüge außer Kontrolle geraten sind, meist sehr anschaulich dokumentiert auf bösen Partyschnappschüssen, die sich im ungünstigsten Fall am anderen Tag auf irgendwelchen sozialen Netzwerken wiederfinden und eine ganze Community erheitern. Unfreiwillig kann man Gesichtsfasching auch nach einem Zahnarztbesuch haben, wenn aufgrund der vorangegangenen Betäubung die Mimik nicht das macht, was sie soll. Beim Gesichtsfasching denkt man auch schnell an den **↑KÖRPERKLAUS** und den **GELENKSTEFFEN,** die sowohl ihren Gesichtsausdruck als auch den Rest des Körpers nicht unter Kontrolle haben.

GRIME [*engl. für: Schmutz*] Grime ist eine Musikrichtung aus Großbritannien, die Hip-Hop mit Elektroelementen aus Drum 'n' Bass und Dancehall mischt. Diesen Musikstil kennzeichnet ein düsterer, aggressiver Sound. Außerhalb Englands ist die dazugehörende Musikszene noch nicht besonders weit verbreitet.

HOPPER [*Abkürzung für: Hip-Hopper*] Hopper hören nicht nur Hip-Hop, sondern leben zu 100% den damit verbundenen Lifestyle, von der Musik über die Klamotten bis hin zur Sprache haben sie die »Attitude« übernommen. Doch selbst in dieser männerdominierten Szene, wo sich die **↑PIMPS** gern mit langbeinigen, vollbusigen Frauen in Bikinis schmücken, hat trotz des sexistischen Zurschaustellens weiblicher Körper die Emanzipation Einzug gehalten, zumindest in der Sprache. Weibliche Hopper heißen **HOPPSE,** weibliche **DIGGER** werden gerne auch mal liebevoll zur **DIGGI** verniedlicht.

JUMPSTYLE [*zu engl. to jump = springen*] Zum einen bezeichnet Jumpstyle eine Stilrichtung elektronischer Tanzmusik, die in Arrangements und Melodie minimal gehalten ist. Charakteristisch für diese Musikrichtung sind 140–150 BPM, Offbeats und Einflüsse aus Hardcore und Techno. Zum anderen steht Jumpstyle auch für den Tanzstil, der zu dieser minimalistischen Musik, dem Hard Jump, ausgeführt wird. Getanzt wird einzeln, zu zweit oder in einer Gruppe, indem die Tänzer im Rhythmus zur Musik springen, dabei ihre Beine nach vorn oder nach hinten werfen und sich in der Luft drehen. Beim Duo- oder Groupjump wird zu zweit oder in einer Gruppe synchron nach einer Choreografie gesprungen, was nicht nur besonders schwierig und anspruchsvoll ist, sondern auch gute Kondition erfordert.

KOMASAUFEN Das gezielte Saufen bis zum Umfallen ist besonders unter jüngeren Partygängern beliebt und hat negative Schlagzeilen gemacht. Oft wird es auch als Kampf- bzw. Rauschtrinken bezeichnet. Die Gastronomie unterstützte diese Tendenz mit den in Deutschland mittlerweile verbotenen

↑**FLATRATEPARTYS.** In Großbritannien führte eine Lockerung der Kneipensperrzeiten 2005 statt zu einer Eindämmung zu einer Ausweitung des Phänomens: Wurden mit der »last order« nur bis 23 Uhr literweise Pints heruntergestürzt, dehnt sich das Kampftrinken auf der Insel nun regelmäßig über die ganze Nacht aus.

KONTERBIER Wer kennt das nicht? Die Nacht durchgefeiert, viel getrunken, und wenn man morgens oder mittags wieder wach wird, pocht der Schädel, der Mund ist trocken und man möchte am liebsten im dunklen Zimmer weiter vor sich hin dösen. In solchen Situationen wird bei einem Glas Wasser und einer Kopfschmerztablette schnell die Entscheidung gefasst, von nun an für immer dem Alkohol abzuschwören. Dann gibt es aber auch noch diejenigen, die auf die Wirkung des sogenannten Konterbiers schwören, das ebenfalls Katersymptome lindern soll. Der Versuch, das Feuer mit Feuer zu bekämpfen, ist aber leider etwas kurzsichtig gedacht, da hier nur das Einsetzen des Katers hinausgezögert wird. Unabhängig davon, ob diese Methode Erfolg versprechend ist oder nicht: Sozial anerkannt ist sie oft nicht, da man leicht als Vollproll gilt, wenn man morgens schon wieder mit einer Kanne Bier gesichtet wird.

KRASSCORE [*Zusammensetzung aus krass und hardcore*] Die Steigerung von krass ist krasscore oder krassomat bzw. krassomatico. Krass bezeichnete ursprünglich etwas, was von seinen Lichtverhältnissen her außerordentlich scharf und grell ist. Seit Langem wird es jedoch umgangssprachlich für extreme Verhältnisse in jeglicher Hinsicht gebraucht, sei es im Sinne von beeindruckend, imponierend, ungewöhnlich, besonders, ↑FETT oder fettomat oder aber auch schockierend, erschreckend und Angst einflößend.

KUDURO Kuduro bzw. Kuduru ist eine in den 80er-Jahren in Angola entstandene Musikrichtung, die zunächst nach Portugal schwappte und sich von dort aus im europäischen Underground verbreitet hat. Traditionelle afrikanische Musik wird dabei mit Elektrobeats und Sprechgesang gemischt. Kuduro bezeichnet aber auch den Tanzstil zu dieser Musik, bei dem roboterartige, eckige Bewegungen und Zuckungen mit Armen und Beinen ausgeübt werden. Wörtlich übersetzt heißt der Name »harter Arsch« und steht für das beim Tanzen heftige ↑BOUNCEN des Hinterteils.

LAN [*Verkürzung von türk. oğlan/ulan*] Der Migrationshintergrund vieler Jugendlicher färbt zunehmend auf die deutsche Jugendsprache ab. Speziell in Großstädten entwickeln Jugendliche unterschiedlicher ethnischer Herkunft in ihren lokalen Netzwerken Sprachcodes, die Wörter aus den unterschiedlichen Migrantensprachen enthalten. So findet das ursprünglich türkische Wort Lan – das umgangssprachlich so viel bedeutet wie »Mann« oder »Alter« – schon längst auch in Cliquen Verwendung, denen keine türkischstämmigen Jugendlichen angehören, kann aber auch als abwertende Bezeichnung derselben benutzt werden.

LATTE Wenn einem etwas einerlei, völlig egal und gleichgültig ist, dann ist es latte. Zu »Das ist mir latte« gibt es unzählige Alternativen wie z. B. »Das ist mir Bockwurst/wumpe/schnuppe/schnurz/rille!« Der Fantasie sind hier keine Grenzen gesetzt. Man kann auch sagen: »Da pell ich mir doch ein Ei drauf!« Oder: »Das ist mir piepenhagen!« Eigentlich ist es latte, was du sagst, wenn dir etwas latte ist.

LOW [*engl. für: gering, niedrig*] Wer mit »Ey, mach mal low!« angesprochen wird, der wird aufgefordert, einen Gang runterzufahren und sich locker zu ma-

Abbouncen im Massenpuls. Im Moshpit hüpfen, pogen und bangen die Hardcorefans. Und wer's brutaler mag, macht Violent Dancing.

chen. Wenn dagegen etwas low ist, dann ist es ausgesprochen langweilig, unspektakulär und unkreativ. Zum Beispiel kann eine Idee ziemlich low sein oder auch ein ganzer Nachmittag, wenn es nichts zu tun gibt.

MASSENPULS Eine Menschenansammlung vor der Disco lässt eines vermuten: Die Party drinnen muss großartig sein! Folglich steigt der Wunsch, Teil dieser Veranstaltung zu werden, ins Unermessliche. Ist man dann erstmal drin im Getümmel und geht in der Masse auf, wird der uralte

Herdentrieb zum partywilligen Massenpuls. Der Mensch ist eben ein soziales Wesen, und in der ↑**BOUNCEN-DEN** und **SHAKENDEN** Gruppe verschmelzen die Individuen zu einem einzigen gigantischen Organismus.

MOSHPIT [*Zusammensetzung aus engl. mosh = Chaos und engl. pit = Kreisel*] Der Moshpit begegnet dem aufmerksamen Betrachter vor allem auf Metal-, Hardcore- oder Punkrockkonzerten. Zu erkennen ist er daran, dass das Publikum einen Kreis bildet, in dem die Fans nicht einfach nur tanzen, sondern wild umherspringen, pogen, sich gegenseitig schubsen und anrempeln. Meist entstehen solche Moshpits spontan und lösen sich genauso schnell wieder auf. Sie unterliegen allein der Stimmung des durch die Musik angeheizten Publikums. Hat einmal eine Gruppe einen Moshpit gebildet, so wächst er in der Regel schnell an und vertreibt die normalen Tänzer, denen es dabei zu hart zugeht, an den äußeren Rand des Kreises. Dabei sieht der Moshpit zwar hart aus, ist aber im Gegensatz zum ↑VIOLENT DANCING harmlos. Stürzt beispielsweise jemand, wird ihm üblicherweise aufgeholfen. Eine besondere Form des Moshpits ist der CIRCLEPIT, bei dem die MOSHER nicht in verschiedene Richtungen pogen, sondern eine deutliche Kreisbewegung ausüben, wobei die Mitte des Pits leer bleibt. Um einen Circlepit entstehen zu lassen, muss man sich über das Tempo und die Richtung einigen, in die getanzt, gesprungen und gerannt wird. Manchmal koordiniert die Band das von der Bühne aus.

PARTYPARASIT Fast jeder Student hat diese Situation schon einmal erlebt: Man schmeißt eine WG-Fete und im Laufe des Abends tauchen mehr und mehr unbekannte Gesichter auf, die weder die Freunde noch die Mitbewohner kennen. Diese uneingeladenen Gäste mischen sich wie selbstverständlich unter das Partyvolk und versorgen sich munter mit dem bereitgestellten Bier und den Häppchen. Sie wurden über Dritte zufällig von der Party unterrichtet oder nehmen die laute Musik und die Hauseinfahrt voller Fahrräder als Indiz für eine Feier. Als professionelle Partygänger können sie die Stimmung anheizen, im schlimmsten Fall benehmen sie sich aber daneben, bepöbeln die rechtmäßigen Gäste, randalieren oder klauen. Dieses Ausarten ist besonders in Studentenstädten bekannt und wird als **PARTY-BASHING** gefürchtet.

PATIENT In der Jugendsprache ist der Patient schon länger das neue ↑OPFER. Hier meint Patient jemanden, der aus der Rolle schlägt und dessen Verhalten nicht nachvollziehbar oder schräg ist. Clubs, in denen nur Patienten, also Deppen, Idioten oder Knallköpfe, rumlaufen, werden gemieden wie nichts Gutes. Die Angst vor Ansteckung scheint groß zu sein.

PHREN [*kurz für: schizophren*] Schizophrenie ist die am häufigsten diagnostizierte Erkrankung in psychiatrischen Praxen und zugleich wohl dasjenige psychische Leiden, über das am wenigsten bekannt ist. Denkstörungen, Halluzinationen und Wahnvorstellungen kennzeichnen diese Psychose. Der Szenebegriff »phren« bezeichnet, ebenso wie »schizo«, dass jemand sich merkwürdig, seltsam oder komisch verhält. Auch Situationen oder Ereignisse können in Anlehnung an die Krankheit als phren bezeichnet werden. Damit sind dann meist Situationen gemeint, die so absurd sind, dass man sie sofort ↑TWITTERN müsste, um die Welt daran teilhaben zu lassen.

PIMP [*engl. für: Zuhälter*] Der Begriff stammt aus der Hip-Hop-Kultur und bezeichnet einen Menschen, der seine Identität extrem über Äußerlichkeiten inszeniert. Dazu gehört besonders die pfauengleiche Demonstration von Vermögen. Der moderne Popkulturpimp ist meist Rapper (oder möchte gerne ein solcher sein) und hat es durch diverse Nebengeschäfte mit Designerlabels, Werbeverträgen oder Schauspielern zu etwas gebracht. Snoop Dogg, 50 Cent oder P. Diddy (aka Puff Daddy) stellen ihren Erfolg in Form eines kostspieligen, verschwenderisch, von materiellen Luxusgütern bestimmten Lebensstils exzessiv zur Schau. Aus Imagegründen gehört dazu neben den um den Hals baumelnden Milliönchen und anderem Bling-Bling-Schnickschnack auch das repräsentative Geleit mehrerer bildhübscher Damen mit knackigen Rundungen. Vom Pimp hat sich im Sprachgebrauch das Verb ↑PIMPEN abgeleitet, mit dem das Aufmotzen und **AUFHÜBSCHEN** von Autos, Fahrrädern, Computern oder anderen Alltagsgegenständen bezeichnet wird.

PLACE-TO-BE [*von engl. place to be = ein Ort, an dem man sein muss*] Was das ↑MUST-HAVE in der Mode ist, ist der Place-to-be in der Feierszene: ein Club oder eine Kneipe, die gerade schwer angesagt ist und in der man sich unbedingt sehen lassen sollte, wenn man dazugehören will. Was sich im Kleinen auf eine einzelne Location bezieht, kann sich im Großen auch auf eine ganze Stadt beziehen. Gerade ist Berlin für viele Londoner Musiker und Künstler der Place-to-be schlechthin, weil die dortige Kulturszene den Ruf hat, frisch, frei und unversnobt zu sein. Daher tauschen immer mehr feingeistige Engländer die Themse gegen die Spree und lassen sich in der deutschen Hauptstadt nieder.

PORNO Wenn man sagt »Heute waren wieder Typen am Badesee – voll porno«, dann meint man damit, dass es ganz schön was zu gucken gab. Wenn etwas porno oder pornös ist, dann ist es supertoll, megacool oder absolut scharf – oder auch genau das Gegenteil. Porno kann sowohl für gutes Aussehen verwendet werden als auch für »bad taste«. Letzteres wird in dem schönen Wörtchen Pornobalken deutlich, das oftmals synonym für den Oberlippenbart verwendet wird.

PROHUNNI Man kann sich tausendprozentig sicher sein, zweihundert Prozent geben, auch wenn hundert pro nicht mehr als genau hundert Prozent drin sind, außer vielleicht man hält sich für eine Aktie. Man kann auch einfach ein nachdrückliches »Hundert!« ausrufen, wenn man sagen will, dass man sich bei etwas hochprozentig sicher ist. Mit prohunni ist nun die hundertausendste Variante dazugekommen.

RAIDEN [*zu engl. to raid = überfallen*] Raiden wird in seiner englischen Originalbedeutung »überfallen« vor allem in Onlinespielen gebraucht, wenn es um einen Raubzug oder einen Kampf geht. Dann rotten sich kurzfristig mehrere ↑GAMER zusammen und ziehen gemeinsam gegen einen übermächtigen Gegner zu Felde, was auch Raidparty genannt wird. Im übertragenen Sinn wird raiden umgangssprachlich auch als Synonym für »besuchen« verwendet. Gemeint ist dann aber nicht das Erscheinen auf der geplanten Dinnerparty, sondern der überfallartige Spontanbesuch. Bekannt wurde der Begriff durch die MTV-Show »Room Raiders«. Hier wird man von Kandidat und Kamerateam überrumpelt, die das Zimmer nach Peinlichem durchforsten.

RAUCHERKNEIPE Es hat eine Weile gedauert, bis man sich an den Anblick der oft bibbernden rauchenden Grüppchen, die abends überall vor Kneipen zusammenstehen, gewöhnt hat. Durch die Einführung von eigens deklarierten Raucherkneipen oder Raucherlokalen wird die Vertreibung der Raucher aus allen öffentlichen Räumen, wie sie dank **NICHTRAUCHERSCHUTZGESETZ** vorgesehen ist, partiell unterlaufen und das Überleben des verrauchten Barflairs scheint gesichert. Allerdings ist die Stimmung unter den Exilanten vor Nichtraucherkneipen meist bestens, die Möglichkeiten zur Kontaktaufnahme beim gemeinsamen Vor-der-Tür-Stehen sind unbestritten gut (↑SMIRTING).

RUMMONKEN Mit den unzähligen Phobien des Privatdetektivs Monk aus der gleichnamigen TV-Serie ließe sich

**Keine Raucher-
kneipe? Dann
treffen sich die
Süchtigen
draußen für
Small Talk und
Smirting.**

leicht ein ganzes Phobienwörterbuch füllen. Passend, dass das Verb rummonken auf jemanden verwendet wird, der sich benimmt wie ebendieser Monk. Vielleicht entstand die Bezeichnung aber auch durch die Assoziation mit dem englischen Wort »monkey« (= Affe). In beiden Fällen bedeutet es auf jeden Fall so viel wie sich affig benehmen oder **ABSPACKEN,** also leicht bis mittelschwer verrückt herumspinnen.

RUMOXIDIEREN Ursprünglich bezeichnete das Oxidieren allein eine chemische Reaktion mit Sauerstoff, beispielsweise das Verrosten von Eisen im Laufe der Zeit. Wenn Meister Röhrich im Film »Werner – Beinhart!« näselt: »Tut das Not, dass ihr hier so rumoxidiert?«, meint er damit eigentlich nichts anderes als das altbackene »wer rastet, der rostet«. Rumoxidieren ist so zum Synonym für untätig rumhängen und nichts tun geworden.

SCHNÜCHTERN [*Zusammensetzung aus schüchtern und nüchtern*] Alkohol bewirkt beim Menschen wundersame Dinge: Aus stillen, unscheinbaren

Krawattenträgern werden nach ein paar Gläschen oftmals ausgesprochene Entertainer. Plötzlich sind sie extrovertiert, gesellig und kontaktfreudig. Doch wenn keine promillehaltige Starthilfe zur Hand ist, bleiben diese Personen zurückhaltend und scheuen es, im Mittelpunkt zu stehen. Wer nüchtern schüchtern ist, ist also schnüchtern.

SCHWITZER Viele Menschen sind enormem Stress ausgesetzt – im Beruf und im Privatleben. Derartig ↑**GE-PSYCHT,** verliert mancher schon bei der kleinsten Kleinigkeit die Nerven und gerät bei harmlosen Problemen in Panik. Weil die Transpiration exponentiell zum Stresspegel steigt, nennt man solche nervösen Zeitgenossen auch Schwitzer. Da hilft nur: ruhig bleiben, ↑**LOW** machen.

SHISHEN [*zu Shisha = Wasserpfeife*] Die orientalische Wasserpfeife hat ihren Weg in deutsche Szenelokale gefunden. Was man sonst nur aus den Eckkneipen kennt, die in multikulturellen Stadtvierteln als Treffpunkt für Mitbürger mit Migrationshintergrund gelten, ist inzwischen zum Trend im Nachtleben avanciert. Gemeinsam Shisha rauchen heißt daher sprachökonomisch verkürzt shishen.

SHOWTIME [*engl. für: Vorstellungsbeginn*] Ausgehen bedeutet sehen und gesehen werden. Das samstägliche Schaulaufen ist längst nicht mehr nur der Wochenhöhepunkt für Jugendliche. Teilweise bis weit in die Vierziger ist es gängige Praxis, sich stundenlang **AUFZUHÜBSCHEN** und dann mit den Freunden zu gegebenem Anlass ordentlich ↑**VORZUGLÜHEN.** Ist dann der Moment erreicht, an dem es tatsächlich losgeht und man hinauszieht in die wilde Partywelt, dann heißt es wie im Theater: Vorhang auf, die Show beginnt. Oder kurz: Showtime! Die Freude kann aber auch jäh getrübt werden, wenn du kurz vor Verlassen des Hauses einen Anruf von deinen Kumpels bekommst und dir sagen lassen musst, dass sie lieber zu Hause bleiben wollen, weil es auf einmal zu regnen begonnen hat. Das ist dann der wahre ↑**SHOWSTOPPER.**

SICKO [*zu engl. sick = krank*] Als Sicko wird jemand bezeichnet, der tatsächlich psychisch oder physisch erkrankt ist oder einen Lebensstil verfolgt, den die Mehrheit nicht nachvollziehen kann und der ihn zum Außenseiter macht. Menschen mit speziellen sexuellen Neigungen werden so beschimpft, aber auch der vegane Nachbar. Oder der vegane Nachbar beschimpft den Fleisch essenden 100-Kilo-Mann aus dem dritten Stock als Sicko. Ein Sicko ist demnach jemand, der mit seiner Eigenart außerhalb des eigenen Wahrnehmungs- oder Toleranzbereiches liegt und neudeutsch auch als ↑CRANK stigmatisiert wird.

SMACKEN [*zu engl. to smack = jmdm. eine scheuern*] Wenn zwei sich **BEEFEN,** artet das nicht selten in Handgreiflichkeiten aus und am Ende kassiert einer der Streithähne eine gepfefferte Ohrfeige. Wer eine geklebt bekommt, der wurde neudeutsch gesmackt.

SMOOF [*zu engl. smooth = ausgeglichen, geschmeidig*] Das englische »th« ist so eine Sache für sich. Aber bei der Adaption dieses fremdsprachigen Begriffs für Entspanntheit und Ruhe muss man es mit der Aussprache vielleicht nicht ganz so genau nehmen. Smoof drückt, wenn es allein steht, so viel aus wie »mach locker« oder »kein Stress«. In Verbindung mit einem Substantiv wie »smoofe Party« steht es für eine angenehme, entspannte Atmosphäre – das Urdeutsch-Gemütliche. Aber gleichzeitig kann es auch coole Eleganz kennzeichnen, wenn man zum Beispiel eine smoofe Lösung für ein

Problem gefunden hat. Und weil Sprachverwender kreative Köpfe sind, hat sich für »smooth« nicht nur die Bezeichnung smoof eingebürgert. Manche verwenden für den gleichen Sachverhalt auch die Begriffe schmuuf oder schmoof.

SNACKEN [*zu engl. to snack = einen Happen essen*] Ein Snack ist ein kleiner Imbiss zwischendurch, ein Happen für unterwegs oder ein Teilchen auf die Hand. Snacken ist somit als Einnahme einer kleinen Zwischenmahlzeit zu verstehen und nicht mit dem Knabbern von Chips oder Schokolade gleichzusetzen. Im Gegensatz dazu bezeichnet **FOODEN** gehen (von engl. food = Essen) eine richtige, vollwertige Mahlzeit außer Haus einnehmen, z. B. in der **DÖNERIA.**

SNOOZELN [*zu engl. to snooze = dösen*] Für viele Menschen beginnt der Morgen mit der Snooze- bzw. Schlummertaste am Wecker. Drückt man diese Taste, so wird der Alarm nicht ausgestellt, sondern startet nach einigen Minuten erneut. Snoozeln bezeichnet also das Schlummern und Im-Bett-Rumlungern, bevor man endlich den Wecker richtig ausschaltet und aufsteht. Da man die Snoozetaste meist im Halbschlaf drückt, besteht leider ganz schnell die Gefahr, zu versnoo-zeln.

SPACKEN Spacken oder **SPACKO** ist die abwertende Bezeichnung für eine unterbelichtete, wenig intelligente, dämliche Person, die nichts auf die Reihe bekommt und sich auch bei den einfachsten Dingen dumm anstellt. **ABSPACKEN** oder **ABHORSTEN** tut einer, der sich nur temporär kindisch verhält, extrem herumblödelt, Fratzen zieht oder sich durch wildes, ungelenkiges Tanzen vor einer Gruppe blamiert. Das passende Eigenschaftswort dazu ist **SPACKIG.** Das heißt dann so viel wie lächerlich und bescheuert.

SPLIFFEN [*zu engl. spliff = Haschischzigarette*] Spliffen ist ein anderes Wort für kiffen, buffen, barzen, quarzen, pofen oder smoken. Den einfallsreichen Wortschöpfungen rund um den Konsum von Marihuana sind keine Grenzen gesetzt. So existieren als Variante für den Joint auch Sportzigarette, Dübel, Tüte, Jochen, Johnny, Knispel ... oder viele andere Wörter mehr.

STRAIGHT EDGE [*engl. für: gerade Kante*] Straight Edge ist eine dem Hardcorepunk entsprungene Subkultur. Ihre Anhänger leben zwar den Rock-'n'-Roll-Lifestyle, lehnen aber konsequent den in der Szene nicht selten exzessiven Alkohol- und Drogenkonsum ab. Auch auf Sex mit häufig wechselnden Geschlechtspartnern, Koffein, Fleisch und andere Tierprodukte verzichten viele, auch wenn sie in Feierlaune und Musikverrücktheit den anderen Punkrockern in nichts nachstehen. Die **LOHAS** unter den Punks tätowieren sich als Erkennungsmerkmal häufig das XXX.

STÜTZBIER Zigaretten werden oft übersprungshandlungsartig geraucht, um etwas in den Händen zu halten und nicht einfach nur so dumm herumzustehen. In Zeiten, in denen das Rauchen nur noch in ↑RAUCHERKNEIPEN erlaubt ist, übernimmt diese Funktion nicht selten das Stützbier. Neben einem Bier zum Festhalten kann mit der Bezeichnung ebenfalls das mittägliche oder gar morgendliche ↑KONTERBIER zur Katerbekämpfung gemeint sein. Diese fragwürdige Methode zur Wiederherstellung der körperlichen und geistigen Kräfte dürfte immerhin zumindest den Opfern des ↑KOMASAUFENS als ziemlich kontraproduktiv erscheinen.

SWAFFELN Auch die Holländer wählen jedes Jahr ein »Wort des Jahres«. Im Gegensatz zur deutschen Jury, die stets politikkritische oder wirtschaftliche Begriffe erwählt, beweisen unsere Nachbarn Humor. Wurde bei uns »Finanzkrise« 2008 auf Platz 1 gewählt, entschieden sich die Holländer für »swaffelen« – und können darüber herzlich lachen. Der etwas anzügliche Begriff bezeichnet nämlich das neckische, mehr oder minder zärtliche Schlagen des halb erigierten männlichen Geschlechtsteils gegen Körperstellen eines Sexualpartners oder gegen beliebige Gegenstände. Ein siebzehnjähriger Holländer, der in Indien das Taj Mahal swaffelte und sich dabei filmte, hat mit seinem Streich nicht nur zweifelhafte Berühmtheit erlangt, sondern auch wesentlich zur Popularität des Begriffs beigetragen.

TAKKO Ob der Ursprung dieses Adjektivs etwas mit der gleichnamigen Bekleidungskette zu tun hat, ist schwer zu sagen. Fest steht jedenfalls, dass der Begriff nicht etwa für billig oder günstig steht, sondern im Sinne von »alles in Ordnung« verwendet wird. Wenn also jemand auf die Frage »Wie geht´s dir?« mit der Antwort »Alles takko!« reagiert, dann will er nichts anderes sagen als »Alles o. k., alles frisch, alles bestens, danke der Nachfrage.«

TIGHT [*engl. für: fest, dicht*] Wer mit seinen Homies ziemlich tight ist, pflegt nichts anderes als enge, vertraute Freundschaften. Der aus der Hip-Hop-Szene stammende Begriff kann auch allgemeiner für Dinge verwendet werden, die besonders cool, ↑FETT oder interessant sind.

VIOLENT DANCING [*Zusammensetzung aus engl. violent = gewalttätig und engl. to dance = tanzen*] Violent Dancing beschreibt eine besonders brutale Art des Pogens auf Hardcore- und Metalcorekonzerten. Hier wird getreten, geboxt und geschlagen. Die **MOSHER** nehmen dabei bewusst in Kauf, andere zu verletzen, und müssen nicht selten selbst harte Treffer einstecken. Auch Ellbogen werden aktiv eingesetzt sowie Trittkombinationen aus verschiedenen Kampfsportarten. Beim sogenannten »Windmühlen«, einem Spezialmove, werden die gestreckten Arme in kreisenden Bewegungen nach hinten geschlagen. Meist trennt sich das unbeteiligte Publikum ziemlich schnell von diesen gewalttätigen Konzertgängern. Als Tanz ist diese Form des Moshings wirklich nicht mehr zu erkennen, eher als ein Haufen sich kloppender Krawallmacher.

VOLLHORST Wenn jemand Horst zu dir sagt, dann verwechselt er dich nicht notwendigerweise mit einem Bekannten. Vielmehr möchte er dir deutlich zu verstehen geben, dass du ein Idiot bist. Da es aber nicht nur Idioten, sondern auch Vollidioten gibt, gibt es entsprechend zum Horst auch den Vollhorst. Dieses Wort bezeichnet einen Menschen mit Gesamtunvermögen. Anders als der ↑**KÖRPERKLAUS** oder der **GELENKSTEFFEN,** die kein Körpergefühl haben und Grobmotoriker sind, ist der Vollhorst einfach nur dämlich. Wenn sich jemand in der Öffentlichkeit absichtlich idiotisch verhält und damit den typischen Horst gibt, dann ist er am **ABHORSTEN.**

VORDERHOUR [*zu engl. Afterhour = die Stunden danach*] Im Gegensatz zur Afterhour, die die Party nach der Party bezeichnet, ist unter Vorderhour das beliebte ↑**VORGLÜHEN** zur Einstimmung auf das Eintauchen ins Nachtleben zu verstehen. Die Vorderhour ist also die Party vor der Party.

VORGLÜHEN Bekannt aus der Motorentechnik, hat dieses Wort mittlerweile auch einen festen Platz bei gesellschaftlichen Events. Während früher die Dieselmotoren mithilfe einer Glühkerze auf Temperatur gebracht wurden, um eine Selbstzündung des Dieselöls zu ermöglichen, läuft der Partygänger mit der richtigen Blutalko-holmischung warm. Vorglühen ist die Party vor der Party, bei der man sich traditionell bei Freunden trifft, um in geselliger Runde gemeinsam in den Partyabend zu starten. Auf diese Weise muss man außerdem weniger überteuerte Drinks und Cocktails in den Clubs erstehen. Macht man sich von der ↑**VORDERHOUR** auf den Weg zur Partylocation, wird oft auch eine Flasche ↑**WEGBIER** mitgenommen, damit der Pegel unterwegs nicht sinkt.

WACK [*engl. ugs. für: sehr schlecht*] Hip-Hop ist eine durchaus wettbewerbsorientierte Subkultur. Wenn jemand ein mieser Rapper, Sprayer, Breaker oder DJ ist, wird er von Kontrahenten und Publikum als wack geschmäht. Zwar existiert die abweichende Schreibung »whack«, für Aussprache und Bedeutung ist dieser Unterschied aber letztlich egal. Vom Hip-Hop ausgehend, hat der Begriff, ähnlich wie ↑**WICKED,** Eingang in den allgemeinen Sprachgebrauch gefunden. In Verbindung ergeben die beiden Wörter übrigens »wickedy wack«, womit der Bodensatz der Szene betitelt werden kann. Schlimmer gehts nicht.

WEGBIER Hier handelt es sich um das Bier, das das ↑**VORGLÜHEN** verlängert und den Weg zur Party verkürzt.

Der kleine Bruder des Wegbiers ist der Wegwein – eine Flasche Wein, die unterwegs oder in der Eintrittschlange zwischen mehreren Partygängern reihum geleert wird. Als beliebtes Accessoire tragen Männer abends gerne sogenannte **HERRENHANDTASCHEN** durch die Gegend, das handliche Sixpack mit Tragegriff, das praktischerweise gleich sechs Wegbiere enthält. Das Wegbier sieht man also auf deutschen Straßen gerne gegen Abend, den **↑GEHKAFFEE** tendenziell eher tagsüber.

WICHEN [*zu engl. Sandwich*] Als Teil des Wortes Sandwich bezeichnet das ebenfalls englisch ausgesprochene wichen die Entstehung desselben: ein Brot oder Brötchen schmieren, belegen – und essen. Wer also noch Käse fürs Abendbrot oder den Mitternachtssnack braucht, dem sind die Zutaten für eine ordentliche Wichung ausgegangen.

WICKED [*engl. ugs. für: abgefahren*] Im ursprünglichen Wortsinn bedeutet wicked so etwas wie schlecht oder böse. Diese Bedeutung hat sich aber grundlegend gewandelt: Aus der Hip-Hop-Szene kommend, bezeichnet wicked das genaue Gegenteil von **↑WACK,** nämlich alles, was positiv, supergeil und Hammer ist. Spätestens seit der »Da Ali G Show«, in der Sasha Baron Cohen einen Gangstarapper und mit ihm das ganze Business parodiert, ist wicked zum Szeneausdruck avanciert, der von Cohen inflationär und für alles und jeden gebraucht wird.

Freshe Eyeware und fancy Must
shoppen Essentials im Biosupe
innen wie außen. Sport, Ernährur
genauso zum Selbstdesign w
Anderssein zur Norm wird, muss ma
dieser Welt behaupten.

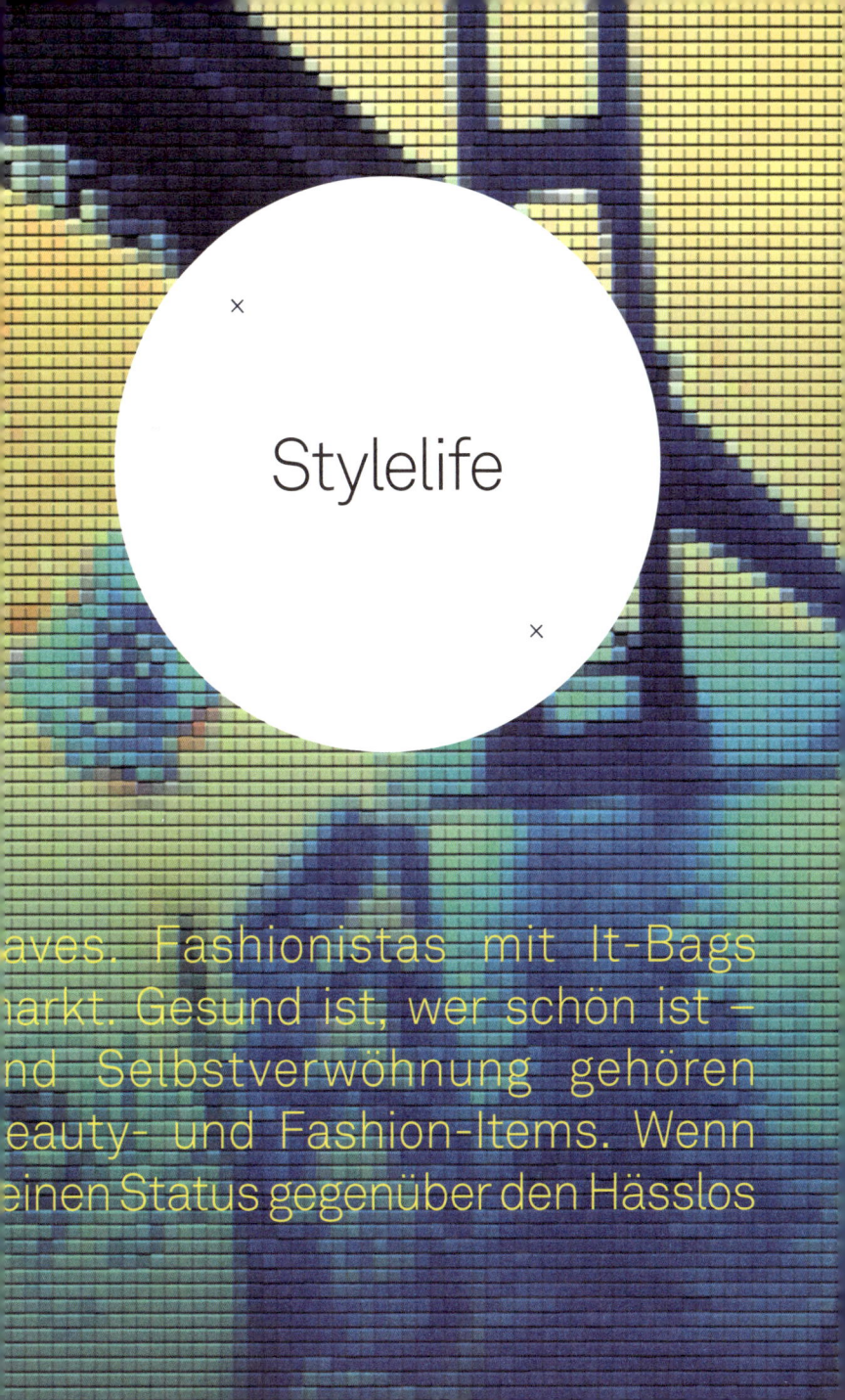

Stylelife

...aves. Fashionistas mit It-Bags ...arkt. Gesund ist, wer schön ist – ...nd Selbstverwöhnung gehören ...eauty- und Fashion-Items. Wenn ...einen Status gegenüber den Hässlos

ADDICTED [*zu engl. to be addicted to = nach etwas süchtig sein*] Wer süchtig ist, egal ob nach Schokolade, einer Fernsehserie, Shopping oder seinem ↑**SOCIAL NETWORK,** ist neudeutsch addicted. Die Sucht bezieht sich auf Materielles, Virtuelles, Geistiges, Körperliches – einfach auf alles, wovon man nicht genug bekommen kann.

ALTERNATIVO Eine Person, die einen alternativen Lebensstil führt, nur Bioprodukte kauft und ein ausgeprägtes Umweltbewusstsein hat, also zu der werberelevanten Gruppe der ↑**LOHAS** gehört, wird von anderen, die diese Lebenseinstellung nur schwer nachvollziehen können, abwertend auch als Alternativo bezeichnet. Oft wird der Begriff auch für Menschen gebraucht, die sich durch ihre Kleidung als Anhänger der Musikrichtungen Alternative und Indierock outen, aber nicht zwingend einen ökologischen Lebensstil verfolgen.

ANALOGKÄSE Geahnt haben wir es schon immer: Der Käse auf dem Burger aus der Fast-Food-Kette hat mit dem, was normalerweise aus Kuhmilch produziert wird, herzlich wenig zu tun. Stattdessen schieben wir da ein künstliches Käseersatzprodukt aus Palmöl, Stärke, Milch- oder Sojaeiweiß, Salz, Farbstoffen und Geschmacksverstärkern in uns hinein. Bei der Produktion von Kunstkäse ist kein Reifungsprozess nötig, wodurch die Herstellung wesentlich schneller, unkomplizierter und natürlich billiger ist. Dieser Pseudokäse wird besonders häufig bei ↑**CONVENIENCE-FOOD** verwendet. So ist der Mitternachtssnack zwar ein beliebter Hungerstiller, aber alles andere als nährstoffreich – und obendrein ein echter Fake.

ANKLEBOOTS [*Zusammensetzung aus engl. ankle = Knöchel und engl. boots = Stiefel*] Ankleboots sind nichts anderes als knöchelhohe Stiefeletten. Das Wörtchen Stiefeletten klingt aber irgendwie nicht mehr so modisch und up to date. Ankleboots können einen Pfennig-, Keil-, Plateau-, Block- oder gar keinen Absatz haben, aus Leder oder Wildleder sein, und sie sind in jeder Preiskategorie erhältlich.

ARMCHAIRSHOPPING [*Zusammensetzung aus engl. armchair = Sessel und engl. shopping = das Einkaufen*] Trotz der Übermacht des Internets mit seinen Onlineshops hat das Teleshopping die Digitalisierungswelle bislang überlebt. Eines haben beide Arten des Konsums gemeinsam: Vor dem Bildschirm sitzend kann man von der Putzmittelkollektion bis hin zur Porzellanpuppe alles bestellen, von dem man denkt, es besitzen zu müssen. Als Überbegriff für den bequemen Einkauf vom Wohnzimmersessel aus hat sich so der Begriff Armchairshopping entwickelt.

AUGENKREBS Augenkrebs bekommt man, wenn man etwas furchtbar Hässliches, in den grellsten, schillerndsten Farben Blinkendes zu Gesicht bekommt und diese Reize der totale Overkill sind. Wenn z. B. ↑HÄSSLOS in ↑BAZONGKLAMOTTEN vorbeigehen und dieser Anblick so daneben ist, dass das bloße Hinsehen schon fremdschämig schmerzt, oder das Neondesign der Webseite in den Augen brennt, dann wurde man Zeuge eines ästhetischen Super-GAUs, der Augenkrebs provoziert. Analog zum Augenkrebs verursacht ein Song, den man schon immer oder erst durch sein permanentes Durchgenudel im Radio grottig findet, **OHRENKREBS.**

AUTOVAMPIRISMUS Besonders der Radsport hat in den letzten Jahren Schlagzeilen mit spektakulären Dopingfällen gemacht. Dabei erregte nicht etwa die Einnahme aufputschender Medikamente besonders Aufsehen,

sondern das abstruse **EIGENBLUT-DOPING** mit EPO. Durch Blutdoping mit Blutkonserven, die eine erhöhte Konzentration an roten Blutkörperchen beinhalten, kann der Sportler seinen Hämoglobinwert erhöhen. Dieser bewirkt eine höhere Sauerstoffaufnahme und -transportfähigkeit im Blut und somit eine gesteigerte Ausdauerleistung, die gerade die Radsportler bei den schweren Bergetappen der Tour de France brauchen können. Da für die Transfusion ein oder mehrere Spender mit identischer Blutgruppe und gleichem Rhesusfaktor benötigt würden, um die Blutkonserven herzustellen, lassen sich die Sportler einfach ihr eigenes Blut abnehmen, das dann vor dem Wettkampf wieder zugeführt wird. Ganz so, als würde ein Vampir sein eigenes Blut trinken.

BAZONGKLAMOTTEN Ob nur verschlafen im Kleiderschrank danebengegriffen wurde oder der Träger einfach generell kein Händchen für Mode hat, ist unklar. Das Resultat ist aber ein eindeutiges: Bazongklamotten liefern ein völlig geschmackloses, furchtbar unansehnliches und untrendiges Outfit. Sie sind ein ästhetisches ↑NO-GO.

BEANIE Früher sagte man einfach nur Mütze, heute gilt diese Bezeichnung als nicht mehr ↑**FRESH.** Bei einem Beanie handelt es sich um eine Kopfbedeckung, die gehäkelt, gestrickt oder genäht, bunt oder unifarben sein kann und mit oder ohne Schirm nicht nur trendig aussieht, sondern den Träger auch als absoluten ↑**STYLO** ausweist. Diese Stoffmützen sind vor allem bei Jugendlichen aus der Skate- und Snowboardszene beliebt, werden tief ins Gesicht oder hoch über der Stirn zu jeder Jahres-, Tages- und Nachtzeit getragen, unabhängig von der Außentemperatur. Im Sommer oder in Discos getragen haben Beanies allein das Ziel, den Coolnessfaktor des Trägers zu erhöhen.

BIONADEBOURGEOISIE Die auch als ↑**LOHAS** bezeichneten Bewohner bestimmter Szeneviertel wie die Berliner ↑**MITTESCHNITTE** oder ihre Pendants im Hamburger Schanzenviertel ernähren sich gern bio, wählen grün und beziehen ihren Strom von Ökoanbietern. Die sogenannte Bionadebourgeoisie hat die bayrische Bionade zum Kultgetränk erhoben und hat meist irgendwas mit Medien bzw. Kunst zu tun und wird scheinbar magisch angezogen von leicht heruntergekommenen, multikulturell geprägten Stadtteilen, wo daraufhin saniert wird und die Mieten steigen, bis kaum einer

der ursprünglichen Bewohner dort noch leben kann. Sie ist also Treiber der ↑**GENTRIFIZIERUNG.**

BIOSIEGEL Eine ökologische Lebensweise und gesunde Ernährung werden immer wichtiger. Gleichzeitig steigt die Verunsicherung, welche Lebensmittel man überhaupt kaufen soll. Zertifikate wie das Biosiegel helfen da den ↑**LOHAS,** sich umwelt- und gesundheitsbewusst zu ernähren. Das Biogütezeichen weist Lebensmittel aus, die ökologisch angebaut und verarbeitet wurden. Mit dem Biosiegel gekennzeichnete Produkte enthalten also keine Konservierungsstoffe, Schadstoffe, künstliche Farbstoffe u. Ä. und sind nicht mit Chemikalien behandelt worden. Allerdings gibt es viele verschiedene Ausweisungen, was auf den Konsumenten oftmals irritierend wirkt. Das Biosiegel kennzeichnet all diejenigen Produkte, die mindestens den Anforderungen der EU-Öko-Verordnung genügen. Daneben gibt es aber noch viele weitere Biosiegel. Produkte, die z. B. das Demetersiegel tragen, sind nach noch strengeren Auflagen und Richtlinien angebaut worden und somit von noch besserer Bioqualität. ↑Abbildung S. 107

BIOSUPERMARKT Im Biosupermarkt sind ausschließlich Produkte

Stylos und Bobos sitzen vor den Kneipen und prosten sich zu. Aber was tun, wenn jeder Vollhorst die angesagte LOHAS-Brause trinkt?

erhältlich, die mit dem ↑BIOSIEGEL zertifiziert sind, sprich aus kontrolliertem ökologischem Anbau stammen. Hier gibt es von Back-, Wurst-, Frisch- und Trockenwaren über Tiefkühlprodukte und Kosmetik bis hin zu Obst und Gemüse einfach alles, was auch in konventionellen Supermärkten zu finden ist. Diese großen Biosupermärkte verdrängen allerdings mehr und mehr die kleinen Naturkostläden, die bis vor ein paar Jahren noch die Einzigen waren, die die ↑LOHAS und ↑ALTERNATIVOS mit ökologischen Produkten versorgten.

BOARDING [*engl. für: (das) Einsteigen, An-Bord-Gehen*] An kaum einem Ort finden so viele Paare in letzter Minute zueinander wie auf dem Flughafen – zumindest in Liebesfilmen. In der Regel spitzt sich die Handlung hier während des Boardings zu, also der begrenzten Zeit zwischen dem Aufruf an die Flugpassagiere, an Bord zu gehen, und dem Verriegeln der Flugzeugtüren. Da wird bis zuletzt gewartet, gehofft und Ausschau gehalten bzw. kurz entschlossen losgestürmt, in ein Taxi gesprungen und notfalls übers Rollfeld gerannt. Im echten Leben geht es bei derartigen Aktionen wohl wesentlich häufiger ganz unromantisch einfach nur darum, den Flug noch zu erwischen.

BOBO [*Zusammensetzung aus Bourgeoise und Bohemien*] Die Bobos vereinen in ihrem Lebensstil Gegensätze, die sich früher ausgeschlossen hätten: Reichtum und Rebellion, Künstlerseele und Unternehmergeist, Unangepasstheit und beruflichen Erfolg. Sie sind kreativ, äußern sich kritisch und leben doch die Vorzüge des Kapitalismus. Bobos siedeln sich gerne in den Szenevierteln an, um der Sub- oder Szenekultur möglichst nah zu sein. Dort sitzen sie dann in angesagten Cafés und schlürfen ihren **GALĀO** oder ein anderes Szenegetränk, weswegen die Gesamtheit der Bobos auch als ↑**BIONADEBOURGEOISIE** bezeichnet wird. Die hohe Kaufkraft der Bobos führt zu einem Anstieg der Mietpreise und damit zur Verdrängung der ursprünglichen Bewohner des Viertels, was in der Soziologie als ↑**GENTRIFIZIERUNG** bezeichnet wird. In der Umgangssprache heißt das schlicht **YUPPISIERUNG.**

BRATZE Dieses Schimpfwort für eine ausgesprochen dumme und unattraktive Dame existiert in vielfältigen Varianten. Die Zusammensetzungen Hohloder Dummbratze sind dabei jedoch nicht geschlechtsspezifisch, sondern können auch für Herren mit mangelnder Intelligenz verwendet werden. Das dazugehörige Eigenschaftswort bratzig wiederum ist ein Synonym für angepisst oder genervt.

CITYHOPPING [*engl. city = Stadt und engl. to hopp = hüpfen*] Montag am Strand in Neapel, Dienstag Sightseeing in Rom, Mittwoch ein Besuch der Oper in Mailand. Cityhopping ist eine Form der Städtereise, wobei buchstäblich von Stadt zu Stadt gesprungen wird. Auch wer aus beruflichen Gründen in mehreren Städten nacheinander zu tun hat, kann als Cityhopper bezeichnet werden. Wer aus beruflichen Gründen in mehreren Berufen nacheinander zu tun hat, ist analog dazu ein **JOBHOPPER.**

CONVENIENCE-FOOD [*zu engl. convenience = Bequemlichkeit und engl. food = Ernährung*] Gefördert durch Überalterung der Gesellschaft, Anstieg der Einpersonenhaushalte und lange Arbeitszeiten haben immer mehr Menschen immer weniger Zeit und Lust, selbst zu kochen. So werden Fertig- und Teilfertigprodukte zur viel verwendeten Alternative. Die Palette der

Bio ist Selbst-
verwöhnung.
Weils besser
schmeckt. Und
wenn man nicht
im Biosuper-
markt kauft, gibt
das Biosiegel
Orientierung in
der Zuvielfalt.

Convenience-Produkte reicht von vorgeschnippeltem Salat über Tütensuppen bis hin zu Komplettmenüs. Wie bei jeder Neuerung sind die Kritiker nicht weit. Sie befürchten den Verfall der Esskultur und warnen vor Geschmacksverstärkern und Konservierungsmitteln.

COUCHSURFEN [*Zusammenziehung aus engl. couch = Sofa und surfen*] Der sparsame, weltgewandte Urlauber schmäht All-inclusive-Bettenburgen. Stattdessen surft er sich von Sofa zu Sofa, weshalb alternativ der Begriff **SOFASURFEN** verwendet wird. Über Internetplattformen stellen Privatpersonen gratis Übernachtungsmöglichkeiten bereit. Solche Gastfreundschaftsnetzwerke bieten neben der Geldersparnis zudem den Vorteil, dass man authentisch wohnt und nicht selten vom Insiderwissen des Gastgebers profitiert. Weltweite Vernetzung und Toleranz sind dabei ein Muss.

CROSSGOLF [*auch X-Golf*] Stellen Sie sich vor, Sie sind auf einem gemütlichen Sonntagsspaziergang, da trifft sie unverhofft ein Golfball. Gibts nicht? Doch, denn als nicht elitäres Pendant zu klassischem Golf wird Crossgolf nicht auf abgesteckten Plätzen, sondern im urbanen Raum und auf brachliegenden Flächen gespielt. So wird Golf als Trendsportart jenseits der blasierten Etikette für eine neue Zielgruppe interessant.

DIGITAL REPUTATION [*engl. für: digitales Ansehen*] Digital Reputation bezeichnet den Ruf, den man im Internet durch seine Aktivitäten in sozialen Netzwerken und Onlineeinträgen hat. Jeder, der sich als ↑**NETIZEN** in diversen Internetcommunitys bewegt, hinterlässt nicht nur digitale Spuren, sondern vermittelt auch ein bestimmtes Image von seiner realen Persönlichkeit. Das Standing und die Glaubwürdigkeit einer Person samt ihrer **NETZIDENTITÄT** wird Digital Reputation genannt. Daher ist das ↑**EGOGOOGELN** wichtig und nützlich, um zu sehen, was für einen Eindruck man in der ↑**WEBCIETY** hinterlassen hat und um das eigene Suchmaschinenergebnis eventuell zu optimieren.

ESSENTIALS [*engl. für: lebenswichtige Güter*] Handy, iPod, Geldbörse, Sonnenbrille und Co. sind die kleinen, lebenswichtigen Begleiter, ohne die der moderne Mensch sein Haus nicht verlässt, weil er sich sonst nackt und vom Weltgeschehen ausgeschlossen vorkommt. In der Mode sind Essentials die

↑MUST-HAVES der Saison, trendige Gadgets, die man unbedingt haben muss, um dazuzugehören und Modebewusstsein zu demonstrieren.

ETHNOFOOD [*Zusammensetzung aus Ethno = Abkürzung für Ethnologie und engl. food = Essen*] Ethnofood ist ein Marketingbegriff für die Kochtradition fremder Kulturkreise, die auch in die europäische Küche übernommen wird, z. B. thailändische, chinesische, indische, afrikanische oder mexikanische Rezepte. Als Ethnofood können einzelne Zutaten oder Gewürze, aber auch spezielle Lebensmittel oder ganze Gerichte aus exotischen Ländern bezeichnet werden. Immer beliebter wird das Mixen unterschiedlicher Esstraditionen im ↑FUSIONCOOKING.

EVENTSHOPPING [*Zusammensetzung aus engl. event = Ereignis und engl. shopping = das Einkaufen*] Während Oma mit ihrem Rentnerklub auf einer Kaffeefahrt in den Schwarzwald unterwegs ist, um dort die von einem Alleinunterhalter angepriesenen Wärmedecken zu ergattern, geht die Enkelin mit ihren Freundinnen des Nachts ins Einkaufszentrum zum Eventshopping. Da kann sie nicht nur durch die Geschäfte bummeln, die sonst nur tagsüber geöffnet sind, sondern bekommt gleich noch die neueste Chartmusik vom eigens eingeflogenen DJ auf die Ohren und ein kostenloses Glas Prosecco in die Hand gedrückt. Ob altmodische Kaffeefahrt oder neumodisches Eventshopping, hier geht es nur um eines: mit Spaß und viel Drumherum die Menschen zum Konsum zu bewegen.

EYEWEAR [*von engl. eye = Auge und engl. wear = Kleidung, Mode*] Die schwarze Hornbrille als Statussymbol für alle, die sich im weitesten Sinne mit Design oder Kultur beschäftigen, war zunächst schon wieder out, um dann zwei Nummern größer wieder zurückzukommen. In Zeiten, in denen mittels Kontaktlinsen selbst die Augenfarbe dem Outfit angepasst werden kann, ist die Brille von der lästigen Sehhilfe längst zum modisch-lässigen Accessoire geworden. Eyewear bezeichnet also von der Sonnenbrille bis zur Kontaktlinse jede Form von »Augenschmuck«.

FANCY [*engl. für: modisch, schrill*] Will dein Hairstylist dir einen »fancy cut« verpassen, dann hat er vor, an bunter Farbe nicht zu sparen und seine Schere asymmetrisch über deinen Kopf fliegen zu lassen. Und du verlässt den Salon mit einem Haarschnitt, den Mama als frech und Oma als raffiniert bezeichnen würde. Fancy steht für ausgefallen und originell, keinesfalls für Anpassung und Mittelmaß. Doch Vorsicht: Die Grenze zum Trash ist fließend.

FASHIONISTA [*Zusammensetzung aus engl. fashion = Mode und der weiblichen Endung -ista*] Eine modebewusste, junge Frau, die ein Faible für neue Styles hat oder selbst eine Trendsetterin ist, wird als Fashionista bezeichnet. Dieses ↑IT-GIRL weiß, was man tragen muss, um hip zu sein, und verabscheut Modelle aus der letzten Saison. Ihr Gespür für neue Trends zeichnet sie aus, sodass sie oft auch allen anderen eine Saison voraus ist. Dieser stilsichere Modefan läuft nicht nur mit offenen Augen durch die Boutiquen, sondern widmet sich auch regelmäßig der intensiven Lektüre einschlägiger Fashionmagazine und besitzt eine umfassende Kenntnis aller gerade angesagten Designer.

FIXIERAD [*kurz für: Fixed-Gear-Bike*] Fahrradkuriere können lahme Sonntagsfahrer jetzt noch geschmeidiger überholen, abdrängen und zu Tode erschrecken. Beim Fixierad mit seiner starren Nabe ohne Gangschaltung oder Freilauf, bei dem Pedale und Räder in ständiger Verbindung sind,

wird die Geschwindigkeit unmittelbar über die Trittfrequenz reguliert. Vor allem im ständigen Stop-and-Go des Stadtverkehrs voller beweglicher Hindernisse ist dieser Radtyp, der ursprünglich aus dem Bahnradsport stammt, neuerdings ein ↑MUST-HAVE.

FLOATING [*von engl. to float = schweben, treiben*] Bei dieser Wellnessbehandlung schwimmt die Person in einem speziellen, mit salzhaltigem Wasser gefüllten Tank auf der Wasseroberfläche. Die Erfahrung, sich fallen und nur vom Wasser tragen zu lassen, soll für einen besonderen Entspannungseffekt sorgen. Zusätzlich zu dieser Schwerelosigkeit tragen Licht- und Toneffekte oder komplette Geräuschabschottung und absolute Ruhe zum Relaxen im sogenannten **SCHWEBE-BAD** bei.

FUBBEN Wer sich mit den Worten »Ich geh mal ne Runde fubben« verabschiedet, den findet man auf dem Bolzplatz wieder. Denn fubben und das ähnlich lautmalerische **BUFFEN** bedeuten nichts anderes als Fußball spielen.

FUSIONCOOKING [*Zusammensetzung aus engl. fusion = Fusion und engl. to cook = kochen*] Ob Kokosmilch in der Hühnersuppe oder Sushi zu Kartoffelbrei – auch vorm Kochen macht die Globalisierung nicht halt. Das Mischen verschiedener Kochtraditionen und das Verwenden von exotischen Gewürzen in heimischen Speisen nennt man Fusioncooking, oder deutsch: Fusionsküche. Nach Lust und Laune verschmilzt am Herd die europäische mit der asiatischen und karibischen Küche, und der Fantasie sind keine Grenzen gesetzt (vgl. auch ⬆SMUSHI, ⬆ETHNOFOOD).

GEHIRNJOGGING Sobald Schule, Uni und Ausbildung hinter uns liegen und unser Gehirn weniger gefordert wird, lässt seine Leistungsfähigkeit allmählich nach. Denn genau wie bestimmte Muskeln, die im Alltag nicht trainiert werden, verkümmern können, werden auch bestimmte Großhirnregionen durch Unterbelastung geschwächt. Gegen Vergesslichkeit und abnehmende Rechenleistung kann angekämpft werden. Wie bei der Körperertüchtigung ist auch beim Gehirnjogging tägliches Training am effektivsten, nur dass man keine Turnschuhe braucht. Die besten Übungen sind Logik- und Rechenaufgaben, Bilderrätsel und Wortspiele. Populär wurde das Wort durch eigens entwickelte Computer- und Konsolenspiele, bei denen

man seine Ergebnisse speichern und so der Verbesserung seiner Gedächtnisleistung förmlich zugucken kann.

GEHKAFFEE Im Gegensatz zum allgemeinen Trend der Anglisierung handelt es sich bei Gehkaffee um eine der seltenen Rückübersetzungen aus dem Englischen. Der beliebte »coffee to go«, das Heißgetränk im Pappbecher zum Mitnehmen für unterwegs, wurde zur Freude vieler Sprachhüter in Gehkaffee zurückgedeutscht. Ob der Kaffee selbst dadurch besser wird, bleibt offen.

GENTRIFIZIERUNG Mit diesem Fachbegriff aus der Soziologie wird die Aufwertung innenstadtnaher Wohngebiete bezeichnet, die bisher als gesellschaftliche Brennpunkte galten und vor allem von der sozial schwachen Schicht bewohnt wurden. Meist beginnt die Gentrifizierung mit dem Zuzug von Künstlern oder Studenten, die auf der Suche nach billigem Wohn- und Arbeitsraum sind. Diese verleihen dem Viertel durch ihre kulturellen Aktivitäten Bohemeflair und locken damit weitere ⬆ALTERNATIVOS an. Schnell etablieren sich Klubs, Szenekneipen, Cafés und kleine Läden, die das Stadtviertel deutlich aufwerten und zu einem Geheimtipp für ⬆BOBOS machen.

Die Folge: steigende Immobilienpreise und Mieten und eine **YUPPISIE-RUNG,** die mit der Verdrängung der sozial Schwachen und dem Untergang der bisher heimischen und heimlichen Szene und Kultur einhergeht. Im Berliner Bezirk Neukölln lässt sich dieser stadtsoziologische Prozess seit einigen Jahren live beobachten.

GROUNDHOPPING [*von engl. ground = Boden, Gebiet und engl. to hop = hüpfen*] Ein Fußballfan, der etwas auf sich hält, verpasst möglichst kein Heimspiel und begleitet seine Mannschaft möglichst auch zu allen Auswärtsspielen. Groundhopper können über so ein Pensum nur müde lächeln. Sie ziehen über Ländergrenzen hinweg von Stadt zu Stadt, allerdings nicht, um einen bestimmten Verein zu ↑SUPPORTEN, sondern um möglichst viele verschiedene Stadien zu besuchen. Um sich untereinander zu vergleichen, hat sich ein Regelwerk etabliert, das grob so zusammengefasst werden kann: Ein Ground, also ein Stadion, gilt als »gemacht«, wenn ein Spiel mindestens eine Halbzeit lang besucht wurde. Zusätzlich können Länderpunkte gesammelt werden, wenn das Stadion im Hoheitsgebiet eines dem Weltfußballverband FIFA angeschlossen Verbands liegt. Ground-hopping ist aber nicht auf Fußball beschränkt, sondern kann in jeder Sportart, die in Stadien, Arenen oder Hallen ausgetragen wird, praktiziert werden.

GRUNDMOVE [*zu engl. move = Bewegung, Schritt*] Der Grundschritt jedes Tanzes, sei es Hip-Hop, Salsa oder Walzer, heißt neudeutsch Grundmove. Auf dieser Bewegung bauen alle weiteren Steps, Drehungen oder Sprünge auf. Der Begriff Grundmove wird inzwischen nicht mehr nur auf der Tanzfläche gebraucht, sondern für alle ersten Schritte, die einer unternimmt, egal ob es sich um die Neuanmeldung in einer Community oder die Herstellung eines Erstkontakts zu einem anvisierten Flirtobjekt handelt.

HÄSSLO Im Gegensatz zum ↑STYLO zeichnet sich der Hässlo durch ↑BA-ZONGKLAMOTTEN, ungepflegtes Äußeres und fehlende Attraktivität aus. Auch eine Person, die von der Natur einfach nicht besonders positiv bedacht wurde und somit unverschuldet hässlich ist, kann dieses Schimpfwort angehängt bekommen. Sehr fair ist das dann allerdings nicht.

INKER [*zu engl. ink = Tinte*] Der Inker ist in der Tattooszene zu finden. Der

Begriff entspringt eigentlich der Comicindustrie. Dort ist der Inker derjenige, der die Bleistiftskizzen mit schwarzer Tinte oder Tusche nachzieht und so Vorlagen ihre endgültige Form gibt. Da dieser Ablauf in etwa dem beim Tätowieren entspricht – zunächst wird ein Motiv auf Papier skizziert, anschließend dessen Linien nachgezeichnet, diese Version auf den Körper abgepaust und schließlich an den Linien entlang gestochen – wird Inker zur alternativen Berufsbezeichnung für den Tätowierer.

IT-BAG [*zu engl. bag = Tasche*] Die Firma Fendi, die Königin unter den Handtaschenmarken, prägte in den 90ern diesen Ausdruck für eines ihrer Modelle. Inzwischen kann auch jede andere Marke einen It-Bag hervorbringen. Entscheidend ist, dass die Tasche zum ↑MUST-HAVE der Saison wird. Erst wenn sie als angesagtes Accessoire am Arm verschiedener Stars in der Presse auftaucht und es eine monatelange Warteliste beim Designer gibt, weil plötzlich alle diese Tasche haben wollen, ist ihr It-Bag-Status gesichert. Meist ist das Modell nach kurzer Zeit schon wieder out und eine andere Marke, Form oder Farbe bestimmt den Trend der nächsten Saison.

IT-GIRL It-Girls sind die Stilikonen der Gegenwart. Die Taschen, die sie tragen, werden zu begehrten ↑IT-BAGS, ihre Frisuren zum **IT-SCHNITT,** den jede nachfrisiert haben will. Sie beweisen mit ihren Outfits Stilsicherheit in jeder Lebenslage und setzen die Trends der Saison. Diese Frauen müssen nicht zwingend selbst etwas leisten, außer ihren Sinn für Mode mittels verschiedener Medien – gerne auch in Form von Paparazziaufnahmen – in der Öffentlichkeit zur Schau zu stellen. So gelten Hotelerbin Paris Hilton, Fußballergattin Victoria Beckham und Topmodel Agyness Deyn gegenwärtig als It-Girls der ersten Liga. Ihr einflussreicher Status ist daran zu erkennen, dass inzwischen Tausende von Doppelgängerinnen in den Metropolen dieser Welt herumlaufen, die Orte, an denen sie sich aufhalten, zum ↑PLACE-TO-BE werden und die Designer, deren Stücke sie tragen, plötzlich en vogue sind.

KIDULT [*Zusammenziehung aus engl. kid = Kind und engl. adult = Erwachsener*] Männer und Frauen, die mit 35 noch Hello-Kitty-T-Shirts tragen, sich Tatoos aus der Bravo auf ihre Handrücken kleben oder sich ausgiebig und hingebungsvoll mit ihrer alten Carrera-Bahn beschäftigen, sind Kidults: Erwachsene, die Kinder geblieben sind.

Sogar in der Psychologie findet dieses Phänomen einen Namen. Bei Männern heißt es Peter-Pan-Syndrom, benannt nach dem gleichnamigen Helden, der nie erwachsen werden wollte, bei Frauen heißt es Cinderella-Syndrom. Kidults sind aber – anders herum – auch Kinder, die für ihr Alter schon viel zu erwachsen sind.

KÖRPERKLAUS Ein Naturgesetz will, dass in jedem Sportkurs im Fitnessstudio mindestens ein Körperklaus anwesend ist. Dabei kann es sich auch um eine Frau handeln. Gut zu erkennen ist dieser Mensch daran, dass er sich konsequent in die andere Richtung als der Rest der Gruppe bewegt, rechts und links nicht koordiniert bekommt und die Bewegungsabläufe des Trainers aufgrund eines eklatanten Mangels an Körpergefühl nicht nachahmen kann. Ein Körperklaus ist also jemand, der seinen Körper nicht unter Kontrolle hat, nicht tanzen kann, sich umständlich bewegt und ungelenkig, unsportlich und tollpatschig ist. Das Schlimmste jedoch ist, dass er damit sowohl das ästhetische Empfinden als auch die Geduld aller anderen aufs Äußerste strapaziert. Eng verwandt mit dem Körperklaus sind die nach dem gleichen Muster gebildeten Kollegen **GELENKSTEFFEN** (ebenfalls ein

Grobmotoriker) und ↑**VOLLHORST** (der zeichnet sich durch mangelnde Intelligenz aus).

LANYARD [*engl. für: Schlüsselband*] Ursprünglich waren Lanyards nichts anderes als Backstagepässe auf Konzerten, die gut sichtbar an einem Band befestigt wurden, welches der oder die Glückliche dann stolz um den Hals trug. Inzwischen hat es das Schlüsselband zum beliebten und praktischen Modeaccessoire gebracht. Praktisch sind sie nicht zuletzt deshalb, weil die breiten Riemen beidseitig ausreichend Platz für das Aufdrucken von Logos bieten. Firmen nutzen daher die Lanyards gerne als **GIVE-AWAYS,** weshalb sie inzwischen überall in den unterschiedlichsten Farben aus den Hosen- und Handtaschen heraushängen.

LATTE-MACCHIATO-MAMA Moderne Mütter sitzen nicht mehr isoliert zu Hause und hüten ihr quäkendes Bündel. Statt sich dem Hausfrauendasein zu ergeben, leben sie einen neuen Lifestyle. Trendige Mamas verabreden sich zum Shoppen, hängen mit ihren Kindern stundenlang in Szenecafés rum und trinken Modekaffees. Die Kleinen werden dabei gerne mit einem **KINDERLATTE,** der nur aus Milch-

Ganz Fashionista und mit allen Mummy-Essentials ausgestattet, stylt die Latte-macchiato-Mama mit oder ohne Dadster durch die Urbanszene.

schaum besteht, ruhiggestellt. Gehäuft trifft man diese neue Müttergeneration in den Szenevierteln urbaner Metropolen, in denen Kinder mittlerweile zu einem echten Modeaccessoire und Statussymbol geworden sind.

LOHAS [*Abkürzung für engl. lifestyle of health and sustainability = gesunder und nachhaltiger Lebensstil*] Während in den Achtzigern die Yuppies (Young Urban Professionals) mit ihrer Karriereorientierung und ihrer Selbstverliebtheit tonangebend waren, führt die gegenwärtige Vielfalt und Komplexität unseres globalvernetzten Lebens zu einer neuen Sinnorientierung. Die Abkürzung LOHAS bezeichnet im Marketingdeutsch Menschen, die Wert auf Nachhaltigkeit, Gesundheit und umweltfreundlichen Konsum legen. Ihnen geht es aber im Unterschied zu den Hippies der Siebziger und Ökos der Achtziger nicht um ideologischen Klassenkampf, sondern um ästhetische Lifestyleentscheidungen. Sie sind keine Systemkritiker oder Aussteiger, sondern jung, wohlhabend und trendbewusst. In ihren ethisch geprägten Konsumstandards verbinden sie Lifestyle mit Ökologie und sozialer Verantwortung. Sie wollen Genuss ohne Reue und mit reinem Gewissen konsumieren.

MAKE-UP-ARTIST [*engl. für: Visagist*] Seit Boris Entrup die Modelanwärterinnen in der Sendung »Germany's Next Topmodel« wöchentlich mit Schminktipps versorgt, weiß jeder, dass sein Beruf nicht etwa Kosmetiker, Maskenbildner oder Visagist genannt wird, sondern Make-up-Artist. Dabei macht er das, was eine Kosmetikerin auch tun würde: Er schminkt die Mädchen, gibt ihnen Tipps, welche Farben zu ihrem Hautton oder ihrer Gesichtsform passen, und achtet darauf, dass sie vor und nach dem Styling die richtige Hautpflege verwenden. Manchmal kommt es eben allein auf die durchs Englische ↑GEPIMPTE Aufwertung der Berufsbezeichnung an. Dass man beispielsweise nicht mehr Hausmeister sagt, sondern Facility-Manager, dürfte ebenfalls zu einem erheblichen ↑EGOBOOST geführt haben.

MITTESCHNITTE Wer in Berlin-Mitte wohnt, der fühlt sich trendig, kreativ und ist vor allem top gestylt. Hier bedingen sich Umfeld und Lifestyle gegenseitig. Mitte ist nicht nur ein Stadtteil, sondern ein Lebensgefühl. Und das vermittelt sich nicht automatisch mit dem Mietvertrag. Weil aber viele denken, allein durch eine Wohnung in Mitte zum ↑IT-GIRL zu avancieren, wurde das einstige Berliner Szeneviertel zum Paradebeispiel der vollzogenen †GENTRIFIZIERUNG. Wenn eine Tussi versucht, entgegen ihrem Wesen hip und szenig zu sein und ihr Styling gewollt und nicht gekonnt wirkt, dann bezeichnet man sie daher abwertend als Mitteschnitte.

MODEOPFER Analog zum englischen »fashion victim« bezeichnet diese deutsche Übersetzung Menschen, die trendigen Klamotten, Accessoires und Beautyartikeln vollkommen verfallen sind. Diese †FASHIONISTAS und †STYLOS sind †ADDICTED nach allem, was mit Fashion zu tun hat. Sie investieren jede Menge Zeit und Geld in ihr Äußeres und sind dank einschlägiger Magazine immer darüber informiert, was gerade in oder out ist. Modeopfer kann noch eine zweite Bedeutung haben, nämlich dann, wenn mit dem Wort nicht jemand benannt wird, der geradezu verrückt nach allem Modischen ist, sondern einer, dem jedweder Modegeschmack absolut fehlt. Ein Modeopfer in diesem Sinne ist also ein †HÄSSLO mit †BAZONGKLA-MOTTEN, dessen Styling ordentlich danebengegangen ist.

MOHEMIAN [*Zusammensetzung aus engl. mobile = beweglich und Bohe-*mian] Wer von mobiler Technologie besessen ist, ständig simst und telefoniert, mailt oder †YOUTUBT, ist ein Mohemian. Das Handy oder †CRACK-BERRY hat er immer dabei, es gehört zu seinen †ESSENTIALS und bedient die Sucht nach Kommunikation. Dabei vergessen Mohemians manchmal, dass ihnen doch gerade jemand live gegenübersitzt und sie nicht auf elektronischem Wege Kontakt per SMS oder Twitter mit der Außenwelt aufnehmen müssten. †TWENTYSOMETHINGS, die nicht nur das Handy, sondern auch das Notebook dabeihaben und damit in Szenecafés sitzen und das Arbeit nennen, sind die »Geschwister« der Mohemians und gehören zur †DIGI-TALEN BOHEME.

MOMA [*Zusammenziehung aus Mama und Oma*] »Na, spendiert die Oma dir ein Eis?« Peinlich, wenn die vermeintliche Oma sich als Mutter des Kleinen entpuppt. Unsere Lebenserwartung steigt zunehmend. Galten in den 80ern Gebärende über 30 schon als risikoschwanger, ist es heute nicht ungewöhnlich, mit über 40, also im potenziellen Omaalter, noch ein Kind zu bekommen. Zum Glück kann man heute länger jung aussehen, sodass es seltener zu unangenehmen Verwechselungen kommt.

MÜNZMALLORCA Ein gebräunter Teint ist nach wie vor ein Signal für gesundes, jugendliches Aussehen. An trüben Herbst- oder Wintertagen ist daher der Gang ins Solarium für viele Modebewusste ein Muss. Das Problem ist nur, dass Solarien ein schlechtes Image anhaftet. Wohl, weil besonders prollige Bodybuilder und ihre tussigen Wasserstoffblondinen, denen oberflächlich nicht viel Intellekt anhaftet, aussehen, als wären sie einmal zu oft auf Münzmalle gestrandet. Kein Wunder, dass es vielfältige, negativ wertende Worterfindungen rund ums Sonnenstudio gibt, wie z. B. **ASSI-, TUSSI-** oder **PROLETENTOASTER.**

MUST-HAVE [*engl. für etwas, das man haben muss*] Das Must-have ist ein absolutes Fashion-Muss oder ein Lifestyleaccessoire, um das kein Weg herumführt, wenn man hip und trendy sein will. Das kann sich auf Klamotten, Accessoires und Beautyprodukte genauso beziehen wie auf Bücher, Elektrogeräte oder den Haarschnitt. Im Gegensatz dazu ist das **NICE-TO-HAVE** etwas, was man gern hätte, weil es das Leben ein bisschen schöner und angenehmer machen würde, aber leider viel zu teuer oder unerreichbar ist und daher vorerst ein Traum bleibt, z. B. ein Vesparoller für den Sommer oder

Schuhe von Manolo Blahnik. Insofern gehört das Must-have zu den ↑**ESSENTIALS,** während die Nice-to-haves eher als ↑**ADD-ONS** zur Optimierung zu verstehen sind.

NAVIGATIONSGERÄT Früher markierte Papa vor dem Start in den Urlaub mit rotem Stift die zu fahrende Route auf der Straßenkarte, und Mamas Aufgabe war es dann, mit Richtungskommentaren dafür zu sorgen, dass Vati nicht von dieser Route abkommt. Weil das fast unmöglich ist, begann der Familienurlaub so meist mit Streitereien zwischen Fahrer und Navigator. Dank GPS kann zumindest die Anreise konfliktfrei bewältigt werden. Denn per Satellit wird über das Navigationsgerät (kurz: Navi) das Auto lokalisiert, die Reiseroute berechnet und laufend aktualisiert. Das Navi zeigt den Weg auf dem Bildschirm nicht nur an, sondern sagt ihn nach Wunsch auch laut durch. Einziger Nachteil: Da das Navi das Denken übernimmt, bleibt der Lerneffekt aus, der Orientierungssinn verkümmert und man kann nie mehr ohne.

NEOCONS [*Zusammensetzung aus gr. neo = neu und lat. conservare = bewahren, behalten*] Die Überraschung war groß, als es Barack Obama während des Wahlkampfs 2008 gelang, einige Konservative aus dem früheren Bush-Lager als seine Befürworter zu gewinnen. Diese Überläufer wurden im Folgenden als Obamacons bezeichnet. Neben alten US-Hardlinern, die ihre eigene Kultur für den global durchzusetzenden Maßstab in Weltanschauungsfragen halten, werden inzwischen vor allem jüngere Menschen, die sich zu konservativen politischen Strömungen bekennen und sich an klassischen Werten wie Heirat, Treue und Einfamilienhaus orientieren, als Neocons bezeichnet.

NEORENTNER Die »neuen Alten« fühlen sich nicht alt, stehen mitten im Leben und wollen immer noch aus dem Vollen schöpfen. Der Großteil der Neorentner kann sich das auch sehr gut leisten, was die Fronten zwischen den oft prekär beschäftigten Jungen und der Rentnergeneration, der es finanziell so gut geht wie keiner anderen vor ihr, zunehmend verhärtet. Auch die Wirtschaft hat die sogenannten SIL-VERAGER inzwischen für sich entdeckt und arbeitet zunehmend an Angeboten, um von den hervorragendsten Eigenschaften der Neorentner zu profitieren: ihrer Zeit und ihrem Geld.

NEW BURLESQUE Seit Dita von Teese sich halb nackt in einem Martini-glas geräkelt hat, ist eine beliebte Theaterform der 30er-Jahre zu neuem Leben erwacht: die Burlesque. Doch während damals die Damen bei ihren erotischen Tänzen in Unterwäsche der Männerwelt mit gewagten Entblößungen den Atem raubten, kann heute mit einem Striptease keiner mehr schockieren. Daher besinnt sich die New Burlesque auf die Erotik im Kopf, verhüllt mehr, als sie entblößt, und spielt mit der Fantasie des Zuschauers. Es geht um die Kunst, seinen Körper gekonnt akrobatisch, ästhetisch und aufreizend in Szene zu setzen. Von Tanz bis zum Striptease ist alles erlaubt, auch Kabaretteinlagen oder ↑STAND-UP-COMEDY können Teil der Show sein. Burlesque-Künstlerinnen verstehen es, sich hocherotisch im 30er-Jahre-Chic zu inszenieren und damit dem platten medialen Sexgewitter etwas Anspruchsvolleres entgegenzusetzen. Inzwischen hat der Begriff auch Einzug in die Mode und auf Mottopartys gehalten. Wer dort erscheinen soll, besorgt sich am besten eine Netzstrumpfhose, eine superknappe Korsage, einen Zylinder, ellenbogenlange Seidenhandschuhe, eine Federboa und wahlweise noch einen federbesetzten Schirm.

NO-GO [*zu engl. no go = geht gar nicht*] Die Welt ist voll von Verhaltensregeln, sichtbaren und unsichtbaren Codes und Normen. Es gibt einiges, »das geht«, und einiges, »das nicht geht«. Ein absolutes No-Go ist es zum Beispiel, mit dem Freund der besten Freundin zu flirten oder dem Date zu gestehen, dass man sie oder ihn vor dem Treffen gegoogelt hat. No-Gos sind also (individuell empfundene) Grenzüberschreitungen, die absolut tabu sind. Selbstverständlich gibt es auch viele modische No-Gos, z. B. die berühmten Tennissocken in Sandalen.

NUTRICOSMETICS [*Zusammenziehung aus lat. nutrire = nähren und engl. cosmetics = Kosmetik*] Die neuste Erfindung der Schönheitsindustrie sind pharmakologisch wirksame Lebensmittel oder Nahrungsergänzungen, die auf eine Schönheitsförderung abzielen. Gezielte Zufuhr von Nährstoffen verspricht beispielsweise die Erhöhung der Hautgewebedichte, die Reduktion von Cellulitis oder die Verminderung von Augenringen. Vielleicht führt Anti-Aging bald nicht mehr über den Schönheitschirurgen, sondern über das Kühlregal.

PARKOUR Bei dieser Sportart wird die Stadt zum Hindernisparcours. Die sogenannten **TRACEURE** (von franz. tracer = rasen, flitzen) springen, gleiten und klettern kunstvoll über alles, was sich auf dem kürzesten und effizientesten Weg zu ihrem selbst gewählten Ziel befindet. Beim Parkouring handelt es sich um die Wettbewerbsvariante dieses Extremsports, bei der künstliche Hindernisse errichtet werden, die es schnellstmöglich zu überwinden gilt.

PIMPEN [*zu engl. to pimp = aufmotzen*] Pimpen hat seinen Ursprung in der MTV-Reality-Show »Pimp my Ride«, in der Sänger Xzibit Zuschauer überrascht, um deren schrottreife Autos wieder aufzumöbeln und mit allerlei Schnickschnack zu versehen. Pimpen wurde somit umgangssprachlich für aufmotzen oder tunen eines Fahrzeugs gebraucht. Inzwischen bezieht sich pimpen nicht mehr nur auf alte Karren, sondern bezeichnet auch das Aufpeppen von Stangenware durch kleine Details, die Umgestaltung der Wohnung oder das Flottmachen eines alten Fahrrads. Seine Hautfarbe pimpt derjenige, der sich zum Bräunen in die Sonne legt, und so weiter. Im Prinzip kann alles gepimpt werden, sogar die Tiefkühlpizza, zum Beispiel mit Extrakäse und -salami.

POPMUSLIM Junge Muslime, die in deutschen Metropolen wie Berlin oder Hamburg wohnen, haben sowohl den

Islam als auch den urbanen Lifestyle in ihren Alltag integriert. Sie leben nach dem Koran, tragen aber Markenklamotten und hören Rapmusik. Ihrer modernen Lebenseinstellung zufolge schließen sich Popkultur und Religiosität nicht aus. Sie verzichten jedoch freiwillig auf Alkohol- und Partyexzesse, gehen lieber in die Koranschule als in die Disco und in ihren Raps geht es nicht selten um religiöse Themen. Die Popmuslime unterscheiden sich deutlich von der älteren Generation mit Migrantenhintergrund. Sie haben einen eigenen Weg der Integration gefunden, ohne ihre kulturellen und religiösen Wurzeln zu verleugnen.

PORTUGIESENSTRICH Nur wer hier statt eines Milchkaffees einen **GALÃO** bestellt, gehört zur Szene. Die korrekte Aussprache dieser portugiesischen Kaffeespezialität ist dabei sekundär, es geht vielmehr ums Prinzip. Das besteht darin, verstanden zu haben, dass man sich auf dem Portugiesenstrich befindet, inmitten der **↑BIONADE-BOURGOISE** wie sie z. B. im Hamburger Schanzenviertel anzutreffen ist. Warum die zahlreichen benachbarten

Beim Parkour ist die Stadt das Spielfeld. Jedes Hindernis wird im kunstvollen Flow überwunden.

portugiesischen Cafés und Bistros, in denen es den günstigen Galão zu kaufen gibt, als »Strich« bezeichnet werden, versteht sofort, wer dort durch die Straße läuft: Ungeniert scannen die milchschaumlöffelnden Kunden Frisur, Kleidung und Style jedes Passanten. Szenemitglieder genießen die Blicke und präsentieren ihre aufwendig zusammengestellte Garderobe wie auf einem Laufsteg, andere finden es unangemessen, derart taxiert zu werden, und fühlen sich schnell ziemlich deplatziert.

PYJAMALOOK Was man in den Straßen Englands schon seit Längerem beobachten kann, sieht man mittlerweile auch hierzulande: Frauen im Schlafanzug – in der Öffentlichkeit. Sieht man diese barbierosa und mit Teddys bedruckten Frotteezweiteiler, fragt man sich unweigerlich, ob deren Trägerin gerade erst aus dem Bett gefallen ist. Dem widersprechen jedoch das üppig aufgetragene Make-up und die aufwendig hindrapierte Frisur, die dem Look morgendlich zerzauster Haare nachempfunden ist. Für normale Leute, die sich damit nicht unbedingt in der Öffentlichkeit präsentieren wollen, steht der Pyjamalook für die bequemen Schlabberklamotten, die man als gemütliche Freizeitkleidung zu Hause

trägt, weil es sich in ihnen so prima **↑COUCHEN** lässt.

RESCHICK [*Zusammensetzung aus retro und schick*] Als reschick werden stylisch-trashige Secondhandklamotten oder Retromöbel bezeichnet. Gerade die Gebrauchsspuren weisen Flohmarktschnäppchen als Originale aus und verleihen ihnen den angesagten Charme. Auch bei Klamottentausch-Events mit Freunden, bei denen jeder seine Altkleider mitbringt, kann man eventuell ein reschickes Teil ergattern. Einen kompletten Einrichtungsstil aus zusammengewürfelten und gerade darum schicken Gebrauchtmöbeln mit Ecken, Kanten und Lackkratzern bezeichnet man auch als **SHABBYCHIC.** Die abgenutzten Stellen erzählen eine Geschichte und schaffen Individualität jenseits vom einheitlichen Ikealook.

RESI [*Kurzform für span. residente = Einwohner, engl. resident = Bewohner*] Immer mehr Senioren zieht es mit dem Erreichen des Rentenalters in wärmere Gefilde. Nord- oder Mitteleuropäer, die sich einen Alterswohnsitz auf Mallorca oder an der Costa Brava suchen, um dort künftig die deutschsprachige »Mallorca Zeitung« lesend die Mittelmeersonne zu genießen, werden Resis genannt.

REZESSIONISTA [*Zusammensetzung aus Rezession und Fashionista*] Die Rezissionista ist eine ehemalige ↑**FASHIONISTA,** die es versteht, sich trotz Wirtschaftskrise und Rezession modebewusst zu kleiden und ihren gehobenen Lebensstil beizubehalten. Denn sie weiß clever einzukaufen und bestellt ihre Designerkleidung und Markenaccessoires fortan über Internetauktionshäuser oder in Shoppingcommunitys, die satte Rabatte versprechen. So sieht ihr Look weiterhin edel und exklusiv aus, kostet aber kein Vermögen.

ROLLERDERBY [*Zusammenziehung aus engl. to roller-skate = Rollschuh laufen und Derby*] Zwei Fünferteams in szenigen Outfits umkurven auf Rollschuhen unter dem Jubel des Publikums ein enges Oval, während aus den Boxen Punkrock dröhnt. Was nach einer modernisierten Neuauflage des klassischen Rollerskatings klingt, entpuppt sich bei näherer Betrachtung als die neue Frauentrendsportart Rollerderby. Ziel des Spiels ist es, Punkte zu machen, indem eine Spielerin das gesamte gegnerische Team einmal überrundet. Dabei geht es allerdings alles andere als ladylike zu: Rempeln und Blocken sind erlaubt, Stürze, Prellungen und Blutergüsse keine Seltenheit – trotz Helmpflicht, Zahnschutz, Knie-, Hand- und Schienbeinschonern.

SCARY [*engl. für: gruselig, unheimlich*] Wenn etwas scary ist, dann jagt es einem einen Schauer über den Rücken. Allerdings nicht nur aus Angst und Horror, sondern manchmal auch durchs **FREMDSCHÄMEN.** Scary stempelt in der Szenesprache nämlich auch Personen, ihren Stil und ihre Attitüde als gruselig und somit furchtbar ab, etwa weil sie befremdlich, merkwürdig, eigenartig oder irgendwie **PSYCHO** wirken.

SCHMECKTY [*zu schmecken*] Hier wird zur Abwechslung mal nicht ein englisches Wort eingedeutscht, sondern ein deutsches Wort verenglischt. Wenn etwas gut schmeckt, dann sagt man im Englischen »tasty«. Angelehnt an diese fremde Wortbildungsform kann man aus dem Verb schmecken das Adjektiv schmeckty kreieren, das bezogen auf Nahrungsmittel dieselbe Beutung wie **SCHMACKO** hat.

SCHOKOHOLIKER [*Zusammensetzung aus Schokolade und Alkoholiker*] Diese Analogiebildung zu Alkoholiker bezeichnet eine besonders süße und durchaus nicht seltene Form der Sucht. Ein Schokoholiker ist jemand, der ganz und gar der Schokolade verfallen ist. Ohne die tägliche Dosis an braunem Gold, egal ob in Form von Schokoriegel, Pralinen oder Kakaotörtchen, kann diese Spezies nicht überleben.

SIGHTJOGGING [*Zusammensetzung aus engl. sightseeing = Besichtigung und Jogging*] Im Sommer bilden sie wieder Trauben vor historischen Gebäuden oder geschichtsträchtigen Plätzen der Weltmetropolen: Touristen auf Sightseeingtour. Während das Spazierengehen die klassische Variante ist, gehören Touren per Rad oder mit dem als Nachtwächter verkleideten Fremdenführer zur Sperrstunde zur modernen Variante der Stadtbesichtigung. Seit Neuestem wird zudem der Hype um Wellness und Fitness in den Städtetrip integriert, und die Sehenswürdigkeiten werden »abgejoggt«. So muss der sportbegeisterte Tourist selbst im Urlaub nicht auf seine tägliche Trainingsrunde verzichten und bekommt sogar noch kulturelle Bildung obendrauf.

SKINNY JEANS [*Zusammensetzung aus engl. skinny = dünn, mager und Jeans*] Die Röhrenhose aus den 80ern wurde im Zuge des Retrotrends wiederentdeckt. Diese sehr eng anliegende Hose wird auch Karotte genannt, da sie, nach unten schmal zulaufend, die gleiche Form wie das Gemüse hat. Seit Pete Doherty, die Kooks und andere junge Indiebands von der Insel die Karottenhose salonfähig gemacht haben, tragen immer mehr Jungs diese engen Beinkleider. Da das bei Männern wie bei Frauen nur an dünnen Beinen wirklich gut aussieht, sind diese Jungs alles andere als maskuline Muskelprotze, sondern fallen eher in die Kategorie Spargeltarzan.

SKYJUMPING [*von engl. sky = Himmel und engl. to jump = springen*] Wer mit Bungee-Jumping, Canyoning, Rafting, Zorbing und Fallschirmspringen schon durch ist, kann sich jetzt kopfüber von Hochhäusern in den Abgrund abseilen lassen. Neben dem berauschenden Gefühl des freien Falls geht es dabei wohl vor allem um Selbstüberwindung. Und um das Erleben neuer Reize in einer Welt, die so reizüberflutet ist, dass wir immer schneller abstumpfen und uns auf die Suche nach neuen Kicks begeben.

SLACKLINING [*Zusammensetzung aus engl. slack = lasch, locker und engl. line = Band*] Seit Kurzem sieht man in vielen Parks an sonnigen Nachmittagen eine Menge Seiltänzer zwischen den Bäumen. Sie haben Spanngurte knapp über den Boden gespannt und balancieren meist barfuß darüber. Dabei handelt es sich nicht etwa um Zirkuskinder, die hier für ihren Auftritt üben, sondern um Freizeitsportler mit besonders gutem Gleichgewichtssinn. Slacklining ist eine neue Trendsportart, die, wenn sie spontan in der Öffentlichkeit ausgeführt wird, auch **FLASH-SLACKING** genannt wird.

SMUSHI [*Zusammensetzung aus Smörrebröd und Sushi*] Die Europäer essen zwar gern international, aber an den in der asiatischen Küche häufig servierten Reis will sich vielleicht das eine oder andere traditionsbewusste Völkchen nicht so recht gewöhnen. Da in Europa Brot eine wesentlich beliebtere Beilage ist, verwendet die skandinavische Form des Sushis, das Smushi, alternativ das in Dänemark heimische Smörrebröd. Alle anderen Bestandteile wie Seetang, roher Fisch, Gemüse, Ingwer, Wasabi und Sojasoße bleiben unverändert. Als Oberbegriff für diese Verschmelzung von Zutaten, die auf den ersten Blick nicht zusammen passen, hat sich **↑FUSIONCOOKING** eingebürgert, was wesentlich geschmackvoller klingt als die äquivalente deutsche »Fusionsküche«.

STACKING [*von engl. to stack = stapeln*] Erstaunlich, dass sich die **↑DIGITAL NATIVES** für das Schnellstapeln von Plastikbechern begeistern lassen. Der aus den USA stammende Geschicklichkeitssport, auch **SPEEDSTACKING** oder **SPORTSTACKING** genannt, bei dem aus 12 Bechern blitzschnell Pyramiden auf- und wieder abgebaut werden müssen, schult die Hand-Augen-Koordination, verbessert das Reaktionsvermögen und fördert die Verknüpfung von linker und rechter Gehirnhälfte. Dass die gleichen Eigenschaften auch durch Computerspiele gefördert werden, mag Zufall sein, jedenfalls erfreut sich das Stacking wachsender Beliebtheit und gehört an einigen Schulen bereits zum festen Angebot.

STUFF [*engl. für: Kram*] In jedem Haushalt gibt es eine Schublade, in der sich Dinge sammeln, die vielleicht irgendwann einmal gebraucht werden könnten. Solcher Krimskrams wird neudeutsch als Stuff bezeichnet. Aber auch anderes wie Klamotten, Möbel oder Arbeitsunterlagen können Stuff sein. Ein universeller Begriff also für jedes Dingsda.

STYLO [*zu engl. style = Stil*] Ein Stylo ist der Gegenpart zum **↑HÄSSLO** und die männliche Version der ↑**FASHIO-NISTA.** Der Stylo hat einen Stil, der von oben bis unten einfach stimmig ist, er trägt die angesagtesten Klamotten, kennt die neusten Fashiontrends und vergisst auch nicht sein hippes In-Outfit durch passende Accessoires abzurunden. Aber die Grenzen sind fließend. Manchmal ist es nur ein schmaler Grad vom Stylo mit ↑**SWAGGER** zum Wannabe und Poser, wenn der Look unangemessen, gekünstelt oder übertrieben rüberkommt. Als Adjektiv ist **STYLO** ein Synonym für schick, trendy, angesagt, modisch und absolut top – egal ob bei Männlein oder Weiblein.

SWAGGER [*engl. für: todschick*] Swagger bezeichnet das gesamte Erscheinungspaket einer Person. Die Art, wie sie redet, geht und sich kleidet, zeugt von Stil und Klasse. Durch Intelligenz, Kultiviertheit und Niveau strahlen Menschen mit Swagger ein ungeheures Selbstbewusstsein und eine bewundernswerte Coolness aus. Der Begriff kommt ursprünglich aus der Hip-Hop-Szene, wo vor allem ↑**PIMPS** versuchen, durch ihre Erscheinung und Attitüde swagger zu wirken.

TEE [*Abkürzung für: T-Shirt*] Hier ist nicht das Heißgetränk gemeint, sondern der Buchstabe »T«, englisch »tee« (sprich: Ti). Tee steht abkürzend für T-Shirt. Beim Tee handelt es sich demnach um das Oberbekleidungsstück, das zu den Basics in jedem Kleiderschrank zählt.

TRASHIG Trashige Sachen sind so kitschig, »old school« und abgenutzt, dass sie schon wieder cool sind. Während die Synonyme ↑**RESCHICK** vor allem für Klamotten und **SHABBY-CHIC** für Möbel stehen, kann so ziemlich alles trashig sein. Seien es alte Ü-Ei-Figuren, von denen man sich nicht trennen kann, Omas Fahrrad, das mit neuer Lackierung ↑**GEPIMPT** plötzlich richtig was hermacht, oder die ausgelatschten, ausgefransten Chucks, die man seit dem 20. Geburtstag nicht mehr ausgezogen hat.

TRAVELATOR [*engl. für: Laufband*] Auf einer stillstehenden Rolltreppe zu laufen ist ein komisches Gefühl, man vermisst die gewohnte Bewegung bei jedem Schritt. So ähnlich geht es wahrscheinlich dem sogenannten Travelator, sobald er nicht auf Achse ist. Travelator ist eine von der Rolltreppe abgeleitete Bezeichnung für einen Reisesüchtigen, der nicht stillstehen kann. Gelegentlich firmiert er auch unter den englischen Begriffen »travel-junkie« bzw. »travel-addict«.

ÜBERPACEN [*zu engl. to pace oneself = seinen Rhythmus finden, seine Kräfte einteilen*] Routinierte Läufer erkennen Gelegenheits- oder Spontanjogger an deren übertriebenem Tempo. Der Gedanke, dass es sich, sobald der innere Schweinehund einmal überwunden ist, auch lohnen soll, ist dabei so nachvollziehbar wie kontraproduktiv. Überpacen, also zu schnell oder übertrieben hart trainieren, führt zu übersäuerten Muskeln, Atemnot und Erschöpfung. Dabei tendiert der Trainingseffekt gegen null und der innere Schweinehund sträubt sich wegen Muskelkater beim nächsten Mal umso mehr. Also: immer schön langsam, nicht überpacen. Das gilt übrigens nicht nur fürs Laufen.

URBANO Der Urbano ist ein Stadtmensch durch und durch. Er ist vielseitig und kulturell interessiert, trendy und modern. Er kennt und liebt seine Stadt und weiß immer, wo der neuste ↑PLACE-TO-BE, versteckte Klubs und angesagte Geschäfte sind. Er koordiniert, an welchem Ende er in seine U-Bahn einsteigen muss, um optimal zum Ausgang aussteigen zu können. Das ungeschriebene Gesetz der Rolltreppe »Rechts stehen, links gehen!« ist ihm ins Blut übergegangen. Er lebt den urbanen Lifestyle, tickt im Rhythmus der Stadt und fühlt sich in allen Metropolen dieser Welt zu Hause. Und doch bleibt der Horizont des Urbanos beschränkt, denn eines meidet er noch strikter als jede Touristenkneipe: die Provinz.

WELLNESSEN [*zu Wellness*] Wellness bezeichnet den großen Trend der 2000er-Jahre, sich Erholung und Entspannung für Geist und Körper zu gönnen. Wer wellnesst, verwöhnt sich und seinen Körper, z. B. mit einem ausgiebigen Öl- oder Duftbad, einem Saunagang, einer Massage, Fangopackung oder Gesichtsbehandlung. Wellnessen heißt auch, in spezielle Wellnesshotels zu fahren und dort das Erholungsangebot von Sportkursen über Meditation und Yoga bis hin zu Beautybehandlungen voll auszunutzen.

Jobnomaden kleben twentyfours
praktikanten werden im Kick-of
pasten Hausarbeiten. Ob Schule, U
lauert überall. Wir lernen fürs Lebe
und Hipo schnell zum Prekariat g
nent beta, auch Sprache.

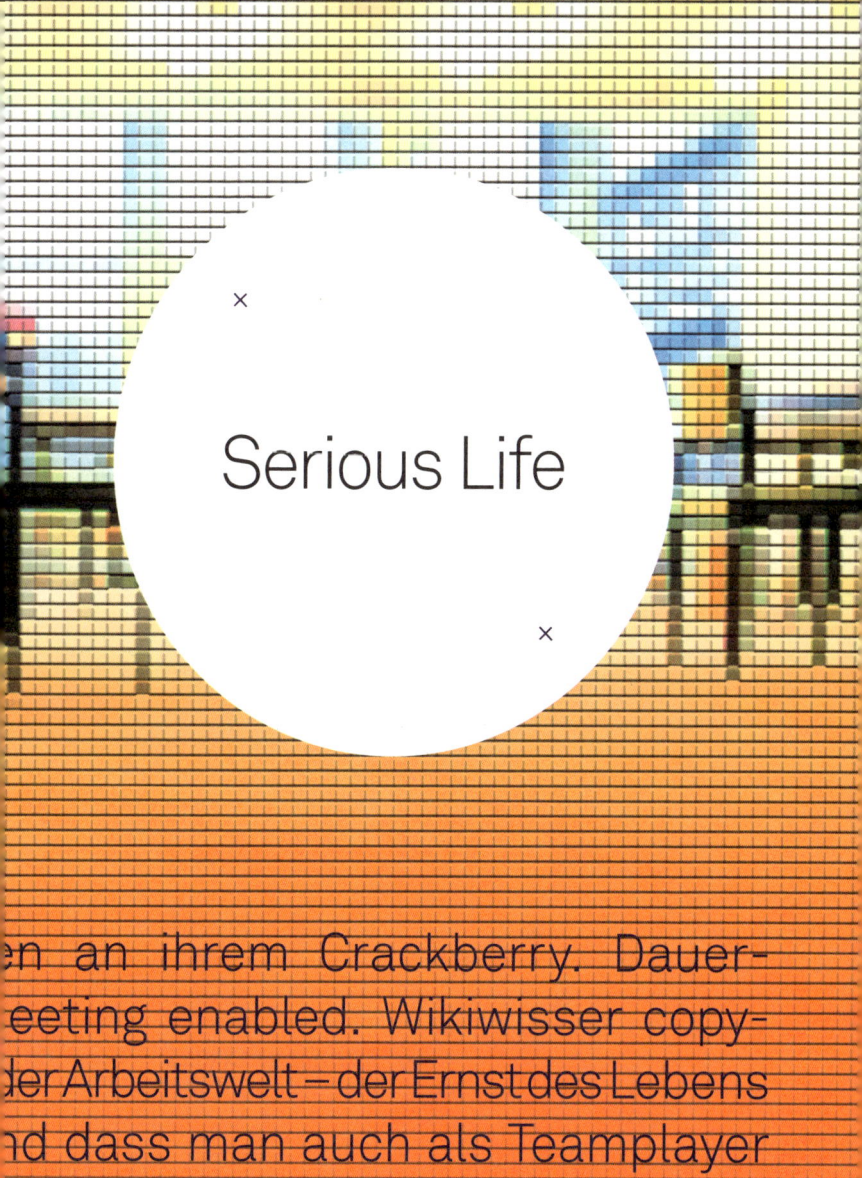

Serious Life

en an ihrem Crackberry. Dauer-
eeting enabled. Wikiwisser copy-
der Arbeitswelt – der Ernst des Lebens
nd dass man auch als Teamplayer
ören kann. Denn alles ist perma-

Die Abwrack-
prämie hat sich
im Sprachge-
brauch etabliert
und findet als
Absack- oder
Abfuckprämie
auch jenseits der
Automobilindus-
trie Verwendung.

ABWESENHEITSNOTIZ Die Abwesenheitsnotiz ist der digitale kleine
Bruder des »Bin-bald-zurück-Post-its«
an der Bürotür. Diese im Englischen als
OUT-OF-OFFICE-NOTICE bezeichnete Benachrichtigung erhält der Sender einer E-Mail, wenn der Empfänger
der Nachricht für einen oder mehrere
Tage nicht im Büro ist bzw. seinen Mail-
account nicht checken kann. In dieser
Nachricht, die automatisch vom Server an jeden verschickt wird, der eine
E-Mail an den Abwesenden sendet,
steht dann meist auch, wie lange der
E-Mail-Empfänger nicht zu erreichen

ist, ob jemand seine Mails abruft und
wen man in dringenden Fällen auf welchem Weg kontaktieren kann. Verschickt werden diese Nachrichten vom
elektronischen Sekretär: dem Abwe-
senheitsassistenten.

ABWRACKPRÄMIE Von der weltwei-
ten Finanzkrise 2008/09 ist besonders
die Automobilbranche gebeutelt. Daher hat das Bundeskabinett im Januar
2009 eine Umweltprämie beschlossen,
um den Verkauf von Autos wieder an-
zukurbeln. Wer seinen mindestens
neun Jahre alten Pkw verschrotten

lässt und sich ein fabrikneues Auto oder einen Jahreswagen kauft, erhält dafür vom Staat eine Prämie über 2500 Euro. Inzwischen ist die Abwrackprämie zu einem geflügelten Wort geworden und steht auch für andere Branchen als Marketingaktion Modell: Eine Prämie gibt es beim Optiker für die alte Sonnenbrille, im Möbelhaus für die sperrmüllreife Couch oder im Schuhgeschäft für die ausgelatschten Schuhe. Außerdem bieten Erotiketablissements eine **ABFUCKPRÄMIE** in Form von Gutscheinen an und die Happy Hour heißt jetzt **ABSACKPRÄMIE.**

AUFSTOCKER Beim Streit um den Mindestlohn saßen regelmäßig einige von ihnen in Polittalkshows, um von ihrem oft beschwerlichen Leben zu berichten. Aufstocker sind Arbeitnehmer, Selbstständige und Arbeitslosengeldbezieher, deren Einkommen unter den Regelleistungen der Grundsicherung liegt, weshalb sie auf zusätzliche staatliche Unterstützung angewiesen sind. Die Tatsache, dass in Deutschland teilweise das Arbeiten in mehreren Jobs nicht ausreicht, um eine bescheidene Existenz zu finanzieren, wird auch regelmäßig von Befürwortern des ↑**BÜRGERGELDES** herangezogen, um zu illustrieren, dass arbeiten längst

nicht mehr zwangsläufig bedeutet, ein würdevolles Leben führen zu können.

BACKSHOP Der Backshop verkauft zwar Brot und Teilchen, ist aber nicht mit dem Traditionshandwerk des Bäckers gleichzusetzen. Denn die Backwaren werden nicht in der angeschlossenen Backstube per Hand zubereitet, sondern tiefgekühlt geliefert und lediglich im Laden aufgebacken. Dieses Verfahren in Kombination mit der Selbstbedienung macht den Backshop billiger als klassische Bäckereien. Besser wird er dadurch nicht unbedingt.

BAD BANK [*engl. für: Abwicklungsbank*] Im Zuge der Finanzkrise und der drohenden Pleiten der Großbanken fällt immer häufiger der Begriff Bad Bank. Dieses auf gut Deutsch auch Abwicklungsbank genannte Kreditinstitut ist die letzte Ausweichmöglichkeit, wenn weder Staat noch andere Banken sanierend eingreifen können. Die Bad Bank übernimmt alle Schulden und die Derivate von zahlungsunfähigen Wertpapiereignern, um ein in Not geratenes Kreditinstitut zu sanieren. Diesem wird durch die Abgabe aller »faulen« Wertpapiere und Kredite wirtschaftlich wieder auf die Beine geholfen, und eine drohende Insolvenz wird abgewendet. Ob dieser

Antikörper das Virus der globalen Finanzmarktgrippe zu heilen vermag, bleibt offen.

BANKSTER [*Zusammenziehung aus Bank und Gangster*] Seit der Weltfinanzkrise werden Banker zunehmend unbeliebter – und immer häufiger mit kriminellen Machenschaften in Verbindung gebracht. Vorgeworfen wird ihnen, durch ihre Raffgier den Abschluss unhaltbarer Risikokredite vorangetrieben zu haben, um von den Bonuszahlungen zu profitieren. Nicht nur moralisch verwerfliche, sondern auch spekulative (und möglicherweise illegale) Geschäfte werden ihnen zugetraut, was die Wortschöpfung Bankster motiviert.

BESCHLAUEN Die Schüler von heute müssen nicht mehr stundenlang über ihren Büchern sitzen und büffeln, sondern können ihre Hausaufgaben schnell und einfach per Mausklick ergoogeln. Doch Vorsicht: Auch die meisten Lehrer sind ↑ONLINER und wissen, wie man sich Informationen aus dem Netz beschafft. Die Gefahr, mit Wikipedia-Halbwissen zu scheitern oder, noch schlimmer, als Wissenspirat aufzufliegen, weil man die Hausarbeit hauptsächlich ↑GECOPYPASTET hat, ist recht hoch.

BIOBREAK [*Zusammensetzung aus biologisch und engl. break = Pause*] Dem Bestseller von Charlotte Roche zum Trotz sind die menschlichen Ausscheidungsvorgänge immer noch kein Thema, über das gerne öffentlich gesprochen wird. »Ich muss mal für kleine Mädchen« – bzw. Jungs – galt lange als eine der adäquatesten Umschreibungen für Pinkelpause. Inzwischen wird in Meetings der Biobreak ausgerufen, die auch nichts anderes ist, alle Geschlechter und Altersklassen einschließt und obendrein daran erinnert, wie sehr der Mensch Teil der biologischen Natur bleibt.

BLAMESTORMING [*Zusammenziehung aus engl. to blame = beschuldigen und Brainstorming*] Schuld sind immer die anderen, dies gilt vor allem bei der Arbeit. Statt intensiv und kollektiv nach dem Zustandekommen von Fehlern zu suchen und womöglich einen zielgerichteten Verbesserungsprozess einzuleiten, ist es oft viel einfacher, intensiv und kollektiv nach einem Schuldigen zu suchen, der für die missliche Lage verantwortlich gemacht werden kann. So können auch Personen, die vielleicht nichts mit dem Fehler zu tun haben, beim Blamestorming als Schuldige ausgemacht und damit zu ↑MOPFERN werden. Analog zum englischen

»scapegoat« (= Sündenbock) wird dieser Vorgang auch als **SCAPEGOATING** bezeichnet.

BORE-OUT [*von engl. to be bored out = gelangweilt sein*] Durch konsequente Überforderung im Job leiden viele Arbeitnehmer am Burn-out-Syndrom. Stressgeplagt träumen sie von privaten Internetrecherchen, entspanntem Flurplausch und ausgedehnten Mittagspausen. Doch was mancher für paradiesisch hält, ist für den anderen ein Fluch. Denn auch konsequente Unterforderung und Langeweile im Job können langfristig zu denselben Symptomen führen wie die permanente Überforderung. Fehlt es im Job an Herausforderung, Anerkennung und Bestätigung neigen Betroffene dazu, ihre Zeit mit Pseudoaufgaben zu füllen und ihre Untätigkeit dadurch zu vertuschen, möglichst geschäftig auszusehen. Bore-out ist also Stress durch Langeweile und darf keinesfalls mit Faulheit verwechselt werden.

BOSSNAPPING [*Zusammensetzung aus Boss und Kidnapping*] Wenn ein Streik gegen Sparzwänge und Entlassungen wirkungslos bleibt und die Angestellten mit ihren Demonstrationen längst kein Gehör mehr in der Führungsetage finden, ist die Geiselnahme des Chefs der letzte Ausweg der verzweifelten Belegschaft, auf ihre auswegslose Situation aufmerksam zu machen. Gerade im Zusammenhang mit der jüngsten Wirtschaftskrise konnte man in der Zeitung von einigen Bossnappings lesen, insbesondere in Frankreich. Manchmal führt das auch zum Erfolg und die beteiligten Parteien setzen sich wieder an den Verhandlungstisch, um gemeinsam eine Lösung für das Unternehmen zu suchen.

BTW [*engl. Abkürzung für: by the way = nebenbei bemerkt*] Wenn in einer E-Mail ganz unten die Abkürzung »BTW« auftaucht, dann hat sich der Absender nicht, wie man vermuten könnte, beim Abkürzen von »beziehungsweise« (bzw.) vertippt. Nein, »BTW« ist das neue »PS« (= Postskriptum). Wie der altbekannte lateinische Begriff leitet es am Ende einer Nachricht einen nebenbei bemerkten Einwurf ein. Trügerischerweise ist diese Anmerkung meist viel zu wichtig, um nur am Rande gesagt zu werden. Daher kann »BTW« auch als rhetorisch-stilistisches Ausrufezeichen und Warnsignal gedeutet werden, das eine Aussage vom Rest des Textes abhebt.

BULLSHITTER [*zu engl. ugs. bullshit = Schwachsinn*] Ein Schaumschläger, ein Dummschwätzer, jemand, der Schwachsinn erzählt, ist etwas anderes als ein Lügner. Während der klassische Lügner bewusst die Unwahrheit spricht, interessiert sich der Bullshitter überhaupt nicht für den Wahrheitsgehalt seiner Aussage. Es geht ihm nur darum, eine Meinung zu äußern oder seine Ziele zu erreichen. Bullshitter lassen sich in allen möglichen Branchen verorten. Eine klassische Frage etwa könnte lauten:»Wer ist denn hier der zuständige PR-Bullshitter vom Dienst?«

BUNDESTROJANER Das Trojanische Pferd ist als genialer Schachzug und zugleich fieser Trick der Griechen bei der Eroberung der Stadt Troja in die Geschichtsbücher eingegangen. In der Computerwelt gibt es schon seit Längerem **TROJANER,** also heimtückische Programme, die sich auf einem Rechner installieren und ihn ausspionieren, ohne dass der User es merkt. Insofern scheint die Bezeichnung Bundestrojaner für eine Schadsoftware, die es der deutschen Bundesregierung ermöglicht, unbemerkt auf private Festplatten zuzugreifen, recht treffend zu sein. Wie zu erwarten, stoßen die staatlichen Ambitionen zur Onlinedurchsuchung auf Widerstände von Datenschützern und Privatpersonen. So reagierte die Bloggerszene auf diese

Pläne mit der Wortneuschöpfung ↑**STASI 2.0,** in Anspielung auf die Bespitzelungspraktiken der DDR-Diktatur. Dieser Begriff findet sich inzwischen, meist verziert mit dem Konterfei des Bundesinnenministers Wolfgang Schäuble, als eine Art Logo der Protestbewegung schon auf Aufklebern, T-Shirts oder Hauswänden.

BUNDLE [*engl. für: Bündel*] Gerade in Zeiten drohender Konsumflaute versuchen Einzelhändler, potenzielle Konsumenten zum Kauf zu animieren, indem sie Produkten diverses Zubehör beilegen und das ganze Paket zum Vorzugspreis verkaufen. Die Produktmarketingstrategie, solche Bundles anzubieten, kommt vor allem im Bereich Telekommunikation, Computer und Spielkonsolen zum Einsatz. Man kauft also nicht nur das neue Mobiltelefon, sondern erhält im Bundle auch gleich eine Schutztasche, einen Gürtelclip und eine Freisprecheinrichtung dazu. Die Kombinationen sind vielfältig. Diejenigen, die sowieso schon einen Kauf geplant haben, können so den einen oder anderen Euro sparen. Andere kommen dagegen dadurch überhaupt erst in Versuchung – und stellen hinterher fest, dass auch scheinbare Schnäppchen tiefe Löcher in die Haushaltskasse reißen können.

BÜRGERGELD Über 50 000 Mitunterzeichner unterstützten Anfang 2009 die Onlinepetition einer Tagesmutter aus Greifswald an den Deutschen Bundestag für die Einführung eines bedingungslosen Grundeinkommens. Die Idee eines gleichen Einkommens für alle Bürger ist nicht neu. Die unterschiedlichen Ansätze und möglichen Finanzierungsmodelle werden unter dem Schlagwort Bürgergeld zusammengefasst. Die laufende Diskussion dreht sich neben dem Zankapfel der Bedingungslosigkeit eines solchen Einkommens hauptsächlich um die gegebenenfalls zu veranschlagende Höhe. Der Hauptgedanke hinter sämtlichen Überlegungen zielt dabei darauf ab, es allen Menschen zu ermöglichen, in Würde zu leben. Dies dürfte auch der Grund sein, warum die Idee des Bürgergelds gerade in Zeiten der Finanzkrise immer mehr Befürworter findet.

CODEMONKEY [*Zusammenziehung aus Code und engl. monkey = Affe*] Charles Darwin legte in seinem 1859 erschienenen Werk »On the Origin of Species« dar, dass der Mensch nicht nur vom Affen abstammt, sondern im Prinzip auch selber einer ist. Trotzdem gilt es als wenig schmeichelhaft, wenn ein Job so wenig Skills erfordert, dass

ihm nachgesagt wird, er könne von jedem Affen erledigt werden. Davon können Codemonkeys ein Lied singen: Als diejenigen Programmierer, die weder an der Projektplanung noch an der Suche nach innovativen Problemlösungen beteiligt sind, tippen sie fließbandmäßig anspruchslosen Code ein und haben einen Status, der in etwa vergleichbar ist mit dem eines ↑DAUERPRAKTIKANTEN.

COPYPASTEN [*zu engl. copy and paste = kopieren und einfügen*] Nach Schätzungen von Medieninformatikern werden rund ein Drittel aller studentischen Arbeiten aus Versatzstücken von Internetdokumenten zusammenkopiert. Auch unter Schülern ist Copypasten, also das Kopieren fremder Textstellen und ihr anschließendes Einfügen ins eigene Werk, so verbreitet, dass mancherorts schon von einer neuen Kulturtechnik gesprochen wird. Während sich Internetnutzer der ersten Stunde mithilfe des Copypastens relativ bequem durch Schule und Uni mogeln konnten, müssen Anhänger der Klaukultur heute zittern: Lehrer und Professoren haben sich im Netz eingelebt und verwenden teilweise schon spezielle Programme, mit denen sie den Plagiaten immer häufiger auf die Schliche kommen. Im schlimmsten Fall droht den Nachwuchswissenschaftlern dann die Exmatrikulation.

CRACKBERRY [*Zusammenziehung aus Crack und Blackberry*] Das Blackberry, ein Smartphone zum Lesen und Schreiben von E-Mails, ist der Inbegriff der flexiblen und mobilen Gesellschaft. Ähnlich wie die bekanntlich extrem süchtig machende Droge Crack wird eine Sucht genährt: Man will immer und überall per Telefon und Mail kommunizieren können. Andererseits sind Blackberry-Besitzer so ↑**TWENTY-FOURSEVEN** im Dienst. Dadurch wird ständige Erreichbarkeit zum auferlegten Druck. Das Pflichtgefühl, antworten zu müssen, weil alle wissen, dass man antworten kann, macht das Blackberry ganz schnell zum **DRECK-BERRY.**

CROWDSOURCING [*Zusammenziehung aus engl. crowd = Masse und outsourcing = Auslagerung*] Früher haben Unternehmen bestimmte Arbeitsschritte an andere Firmen outgesourced. Begünstigt durch das ↑**WEB 2.0** und die **OPEN-SOURCE-PHILOSOPHIE** können heute auch Verbraucher aktiv in die Produktion eingespannt werden. Beim Crowdsourcing werden bestimmte Aufgaben an eine große Masse interessierter Freizeitarbeiter ausgelagert, die Zeit und Lust haben, sich mit bestimmten Themen zu beschäftigen (vgl. ↑**PRO AM**). Konsumenten werden so zu Mitentwicklern, Mitproduzenten (↑**PROSUMENT**) und Mitwerbern (↑**WORD OF MOUTH**). Auch die Webseite szenesprachenwiki.de, die Basis für dieses Buch ist, funktioniert nach dem Prinzip des Crowdsourcings und stimuliert die ↑**SCHWARMINTELLIGENZ** und das Wissen und die Kreativität vieler Menschen.

DAMAGER [*Zusammensetzung aus engl. damage = Schaden und Manager*] Die Weltwirtschaftskrise haben wir unter anderem auch den Damagern zu verdanken: Managern, die sich verspekulierten, Fehlinvestitionen tätigten und skrupellos allein an die eigene Bereicherung dachten. In der Investmentbranche hat der Damager seine Entsprechung im ↑**BANKSTER** gefunden.

DAUERPRAKTIKANT Praktikanten sind billige Arbeitskräfte. Das ist auf dem Arbeitsmarkt hinreichend bekannt, auch wenn Unternehmen den Vorwurf der Ausbeutung weit von sich weisen. Praktika zeichnen sich vielfach nicht mehr dadurch aus, dass ein Stu-

Senior-Praktikant

Fünfzehn Praktika und immer noch keinen Job. Dauerpraktikanten warten auf den Enabler zum Sprung vom Prekariat ins Berufsleben.

dent oder Schüler beobachtend in die Arbeitswelt hineinschnuppern kann. Meist erledigt der Lernwillige dieselbe Arbeit wie ein sich in Festanstellung befindlicher Kollege. Er hat ebenfalls eine 40-Stunden-Woche, macht unbezahlte Überstunden und übernimmt Verantwortung. Nur eines bekommt er nicht: eine angemessene Vergütung oder die Aussicht auf eine Festanstellung. Nach der abgeleisteten Zeit darf der Praktikant seinen Schreibtisch räumen, um Platz für den nächsten Freiwilligen zu machen. In der Hoffnung, das Praktikum als Sprungbrett in eine »Junior-ir-gendwas-Position« nutzen zu können, packt er seine sieben Sachen und zieht weiter zur nächsten Firma und wird so nach und nach Teil der neuen sozialen Schicht des ⭡PREKARIATS. Vor allem junge Geisteswissenschaftler finden trotz glänzenden Hochschulabschlusses häufig keine Anstellung, sondern müssen sich – obwohl überqualifiziert – als billige Arbeitskraft verdingen und bewegen sich oft am Rand des Existenzminimums. Dieses Schicksal einer ganzen Altersgruppe hat den Begriff **GENERATION PRAKTIKUM** geprägt.

DESKFOOD [*Zusammensetzung aus engl. desk = Schreibtisch und engl. food = Essen*] Wenn es im Büro keine Kantine oder Kaffeeküche gibt und der ↑WORKLOAD einem keine Zeit zum aushäusigen Lunch lässt, dann bleibt manchem nur, das Essen am Schreibtisch einzunehmen. Solches Deskfood kann eine richtige Mahlzeit sein oder auch aus ungesunden Kleinigkeiten bestehen, die man während des Mailabrufens nebenher ↑SNACKT. Analog dazu bezeichnet **ROADFOOD** das Essen für unterwegs – Oma würde Proviant dazu sagen.

DIGITALE BOHEME Junge Kreative, die mit ihren Laptops den ganzen Tag in Cafés rumhängen, über WLAN internetten, Latte macchiato, **GALÃO,** Bionade oder andere Trendgetränke schlürfen und auf Außenstehende so wirken, als würden sie eigentlich nichts tun, sind Teil der digitalen Boheme. Aber als Freiberufler und Mitglieder der kreativen Klasse haben sie ein anderes Verständnis von Arbeit, sie designen oder schreiben und aktualisieren nebenher ihren Blog, **TWITTERN** oder **NETZWERKEN,** um die nächsten Projekte einzutüten. Meistens befinden sich diese ↑TWENTYSOMETHINGS in prekären Arbeitsverhältnissen. Der Begriff wurde populär und medial präsent durch das Buch »Wir nennen es Arbeit« von Holm Friebe und Sascha Lobo, zwei der wichtigsten und einflussreichsten Gegenwartsblogger.

DOWNSHIFTING [*zu engl. to downshift = herunterschalten*] Weniger Arbeit, weniger Konsum, weniger Stress. Downshifter entscheiden sich für einen Lebensstil der freiwilligen Einfachheit, auf Englisch: einen »Lifestyle of Voluntary Simplicity«, weshalb sie auch gerne als **LOVOS** bezeichnet werden. Im Gegensatz zu den sogenannten ↑LOHAS, die in ihrem Konsumverhalten großen Wert auf Gesundheit und Nachhaltigkeit legen, entscheiden sich Downshifter für eine Art Aussteigerexistenz mit bescheideneren Ansprüchen. Downshifting bedeutet, auf Luxus oder eine Karriere zu verzichten, um bewusster und selbstbestimmter zu leben. Das kann bedeuten, den hoch dotierten Job aufzugeben, um eine Jugendherberge zu leiten, das teure Stadthaus zu verkaufen, um auf dem Land Gemüse anzubauen, weniger zu arbeiten und genauer darauf zu achten, was konsumiert und zum Leben wirklich benötigt wird. Auf jeden Fall aber bedeutet es: sich mehr Zeit für das zu nehmen, was einem persönlich wichtig ist.

Der Laptop ist das wichtigste Arbeitsgerät, das Büro ist überall. Die Angehörigen der digitalen Boheme sitzen in Cafés und nennen das Arbeit.

DUMP-DIVING [*von engl. Dumpster = ein amerikanischer Mülltonnenhersteller und engl. to dive = tauchen*] In den Müllbergen, die unsere Wegwerfgesellschaft täglich produziert, finden sich Scherben, verfaulte Lebensmittel, Verpackungen, alte Zeitungen – aber auch große Mengen an (noch) genießbaren Lebensmitteln, funktionsfähigen Elektrogeräten und alter Hausrat. Das Dump-Diving oder Dumpster-Diving kann eine ekelerregende und mitunter gefährliche Angelegenheit sein, kann sich aber durchaus auch lohnen. Das Durchsuchen von Müll nach Verwertbarem wird meist aus existenzieller Not betrieben, seltener aus einer ideologischen Lebenseinstellung der Konsumverweigerung. Einige wenige sehen es gar als sportliche Herausforderung, im wahrsten Sinne des Wortes kopfüber in Müllberge zu springen, allerdings nur, wenn das Ereignis auch gefilmt wird und sich am nächsten Tag auf Youtube wiederfindet – man möchte ja schließlich seine Community beeindrucken.

EBAYEN [*zu eBay*] In seinen Anfängen hatte das Internetauktionshaus eBay flohmarktähnlichen Charakter. Mittlerweile wird es mehr und mehr zum Businessportal, auf dem neben Privatanbietern auch viele Dienstleister und Geschäftsinhaber ihre Produkte an den Höchstbietenden versteigern. Ebayen bezeichnet sowohl das Ausmisten und anschließende Verkaufen von gebrauchten Gegenständen als auch das Stöbern und Mitsteigern auf der Seite selbst. Personen, die besonders viele Sachen unter den Hammer bringen und von ihren Käufern positiv bewertet werden, nennt man **POWERSELLER.** In dieser sich entwickelnden **AUKTIONSKULTUR** ist Besitz zeitlich begrenzt und dynamisch. Nichts hat man mehr ein Leben lang, sondern nur bis zur nächsten Onlineauktion.

EGOGOOGELN [*Zusammensetzung aus lat. ego = ich und googeln*] Wer hin und wieder seinen eigenen Namen in einer Suchmaschine eingibt, um die Einträge zur eigenen Person anzuschauen, der egogoogelt. Das ist weder verpönt noch narzisstisch, sondern durchaus empfehlenswert, besonders wenn man sich beruflich verändern will. Denn Personaler nutzen längst die Möglichkeiten von Suchmaschinen, um sich ein Bild vom Bewerber zu machen. Wenn dann Partybilder vom Saufgelage erscheinen oder man sich durch Mitgliedschaft in StudiVZ-Gruppen wie »Ich glüh´ härter vor als du Party machst« oder »Ich kann gar nicht so viel Kaffee trinken, wie ich Pause machen will« als wenig seriös outet, kann das schnell zum K.-o.-Kriterium für den Traumjob werden. Deshalb sollte man sich, auf seine ↑DIGITAL REPUTATION achtend, hin und wieder selbst googeln, um sich darüber zu versichern, was das Netz über einen weiß.

ENABLEN [*zu engl. to enable = ermöglichen, befähigen*] In Zeiten von **JOBHOPPING** und befristeten Arbeitsverträgen müssen laufend neue Kollegen und Partner in Projekte und Arbeitsprozesse eingebunden werden. Um effektive Mitarbeit zu garantieren, muss man diese zunächst enablen, also befähigen, etwa indem man sie mit Passwörtern und Zugängen ausstattet und über alle Arbeitsabläufe informiert. Gerne werden auch ↑DAU-ERPRAKTIKANTEN dazu enabled, eigenständig Projekte zu betreuen. In diesem Sinne wird das Wort dafür gebraucht, jemanden zu ermutigen. Ein Förderer wird damit zum **ENABLER,** der seinen Schützling pusht.

FABBING In der Fernsehserie Star-Trek produzieren sogenannte Replikatoren, die optisch an Kaffeeautomaten erinnern, in Sekundenschnelle den jeweils gewünschten Gegenstand. In der Realität stellt sich ein ähnliches Science-Fiction-Gefühl beim Fabbing ein: Konsumenten entwerfen oder bearbeiten via Onlinetools individuell Gegenstände, die anschließend von einem Digital Fabricator, kurz Fabber, als dreidimensionales Produkt erzeugt werden. Im Zuge des ↑CROWD-SOURCINGS können Unternehmen so auch Nischenmärkte bedienen und es ergibt sich eine ↑WIN-WIN-SITU-ATION für alle Beteiligten.

FRUPPIE [*engl. Abkürzung von: frustrated urban professional = frustrierter urbaner junger Berufstätiger*] Mit Geld kann man sich vielleicht eine schicke Altbauwohnung und eine stylishe Einrichtung leisten, glücklich muss das aber noch lange nicht machen. Wenn Yuppies frustriert sind, werden sie zu Fruppies, also frustrierten jungen Erwachsenen der berufstätigen, städtischen, gehobenen Mittelschicht. Das kann Leiden auf hohem Niveau bedeuten – oder in einer handfesten ↑QUAR-TERLIFE-CRISIS gipfeln.

FUNEMPLOYED [*Zusammensetzung aus engl. fun = Spaß und engl. unemployed = arbeitslos*] Arbeitslos sein und Spaß dabei haben! Das ist das Motto moderner Erwerbsloser, die trotz ihrer misslichen Lage nicht etwa

Trübsinn blasen, sondern das Beste aus ihrer Situation machen. Sie lassen sich nicht unterkriegen, nutzen ihre Freizeit sinnvoll und sehen darin die Chance, all die liegen gebliebenen Sachen zu erledigen oder Dinge anzupacken, die sie längst schon einmal machen wollten oder an denen ihr Herzblut klebt. Jemand, der funemployed ist, ist immun gegen die Verbitterung anderer Hartz-IV-Empfänger. Statt in Depression zu verfallen, nutzt er die Auszeit für seine kreative Entfaltung und ist damit auf dem besten Weg, als Mitglied des ↑PREKARIATS wieder in den Arbeitsmarkt einzusteigen, wenn auch vielleicht nur zeit- und projektweise.

FUNKLOCH Auch ↑HIPOS und andere Leistungsträger, die dank ihres ↑CRACKBERRYS prinzipiell **VIERUNDZWANZIGSIEBEN** erreichbar sind, können Termine verschwitzen. Laut Umfragen wird dann neben dem ↑MEMORYEFFEKT besonders gerne das Funkloch als Ausrede benutzt. Tatsächlich gibt es noch immer Gegenden, in denen das Mobiltelefon keine Verbindung zu einer Sende- bzw. Empfangsstation herstellen kann. Sollte dieses Problem eines Tages völlig gelöst sein, kann man zur Not ja immer noch den guten alten Stau vorschieben.

FUTTERNARKOSE Die Futternarkose oder **FRESSSTARRE** erwischt ausnahmslos jeden nach dem Verzehr einer üppigen Mahlzeit. Der Körper fährt alle entbehrlichen Funktionen auf null herunter, um sich ausschließlich der Verdauung zu widmen. Ganze Großraumbüros sind nach dem mittäglichen Besuch der Kantine von diesem lähmenden Sättigungsgefühl betroffen, das müde, lethargisch und träge macht. Bei Futternarkose hilft nur Bewegung oder ein kurzes Schläfchen, weswegen man Studenten nach dem ↑MENSEN häufig dösend über dem Bibliotheksbuch beobachten kann. Auch der Begriff **SUPPENKOMA** bezeichnet dasselbe Phänomen, legt aber eine etwas falsche Fährte, denn üblicherweise liegen Suppen nicht so schwer im Magen wie eine deftige Portion Schweinebraten.

FYI [*Abkürzung für engl.: for your information = zu Ihrer Information*] Auch wer in seinem Job einen eher geringen ↑WORKLOAD hat, sollte geschäftliche E-Mails nicht unnötig ausschmücken, bloß weil es die Zeit zulässt. Um einen Termin mitzuteilen oder eine Mail zur Kenntnisnahme weiterzuleiten, genügt es, ein knappes FYI voranzustellen. Soll der Inhalt vertraulich behandelt werden, wird das mit einem **FYEO**

(for your eyes only) angezeigt. Wenn es gelingt, alle notwendigen Informationen in der Betreffzeile einer E-Mail unterzubringen, weist man darauf übrigens mit einem **EOM** (end of message) hin. Das kommuniziert dem Empfänger, dass er die E-Mail erst gar nicht zu öffnen braucht.

GUERILLAMARKETING Leute vermieten ihre Autos, ihre T-Shirts und ihre Körper als wandelnde Werbeflächen, Unternehmen lassen Innenstädte mit kryptischen Parolen plakatieren, verschicken persönliche Mails und platzieren Filme auf YouTube. Guerillamarketing ist lowbudget und kreativ, öffentlichkeitswirksam und manchmal illegal. Ursprünglich nutzten hauptsächlich kleinere Firmen oder Start-ups die Strategie, um sich mit geringen Mitteln einen Namen zu machen. Inzwischen laufen auch Werbekampagnen von Großunternehmen per Guerillataktik, zunehmend etwa über **↑TRYVERTISING** oder virales Marketing.

HIPO [*Abkürzung von engl. high potential = Person mit viel Potenzial*] Wenn man sich unter diesem Kürzel ein Tier vorstellen möchte, müsste das nicht unbedingt ein Flusspferd sein, sondern eher eine Eier legende Wollmilchsau.

Mit diesem Fantasiewesen werden nämlich gerne die Bewerber verglichen, nach denen Firmen in utopisch anmutenden Stellenausschreibungen suchen: Mitte Zwanzig, ausgezeichneter Abschluss, Unmengen an Lebens-, Auslands- und Arbeitserfahrung, sozial engagiert, zwei Fremdsprachen fließend. Solche Hipos mit enorm viel Potenzial werden entsprechend umworben, gelockt und gefördert. Headhunter liefern sich regelrechte Angebotsschlachten um die gefragten Nachwuchskräfte. Gegen einen Gegner dürften sie dabei allerdings relativ machtlos sein: die **↑QUARTERLIFE-CRISIS.**

IKEA-PARAGRAF Die weite Verbreitung der Möbel des schwedischen Konzerns lässt vermuten, dass wohl nahezu jeder Erwachsene schon einmal das Vergnügen hatte, die dort gekauften Einzelteile anhand der Aufbauanleitung, die ausschließlich aus Bildern besteht, richtig zusammenzufügen. In Anlehnung an diese Besonderheit hat sich die scherzhafte Bezeichnung IKEA-Paragraf oder auch IKEA-Klausel für eine Regelung zum Verbraucherschutz im BGB eingebürgert, die in etwa besagt, dass eine Sache mangelhaft ist, wenn die mitgelieferte Aufbauanleitung so miserabel ist, dass damit kein Mensch ohne Schreinerlehre etwas anfangen kann. Um genau zu sein, handelt es sich dabei um §434 Abs. 2 Satz 2 BGB: »Ein Sachmangel liegt bei einer zur Montage bestimmten Sache ferner vor, wenn die Montageanleitung mangelhaft ist, es sei denn, die Sache ist fehlerfrei montiert worden.« Aber eines sollte klar sein: Es gilt nicht, dass IKEA-Möbel grundsätzlich nicht zusammengebaut werden können.

JOBNOMADE Früher galt die 35-jährige Betriebszugehörigkeit als Normalfall und als Zeichen von Loyalität. Heute wird eine Beschäftigung, die den Arbeitnehmer länger als fünf Jahre an seinen Arbeitgeber gebunden hat, häufig gegenteilig als Betriebsblindheit, Bequemlichkeit und fehlende Flexibilität ausgelegt. Berufseinsteigern wird heute empfohlen, bereits nach zwei Jahren ihre Fühler nach einer neuen Herausforderung auszustrecken, um sich so selbst weiterzuentwickeln und Neugier sowie Engagement zu beweisen. Das hat sich herumgesprochen. Folglich gibt es immer mehr Berufstätige, die nur für kurze Zeit in einem Unternehmen arbeiten, um dann nach zwei bis fünf Jahren nomadengleich am nächsten Arbeitsplatz ihr Lager aufzuschlagen. Aber auch im

↑**PREKARIAT** findet man dieses Bäumchen-wechsel-dich-Spiel, z. B. in Form von Freiberuflern, die sich von Projekt zu Projekt hangeln. Der Begriff fällt häufig auch im Zusammenhang mit Berufspendlern. Der Zwang zu Flexibilität und Mobilität führt im Privaten dann häufig dazu, dass die Jobnomaden in ↑**FERNBEZIEHUNGEN** leben.

KARMAKAPITALISMUS Früher hieß es: »Nach uns die Sintflut«. Jetzt hört man: »Das Handeln von heute ist die Basis unserer späteren Existenz.« Drastischer kann ein Sinneswandel kaum ausfallen. Mit der Abkehr vom Raubtierkapitalismus und der Hinwendung zum Karmakapitalismus erkennt die Wirtschaft ihre soziale und ökologische Verantwortung an und bedient zugleich die zunehmende Orientierung vieler Menschen an Nachhaltigkeit und ethischen Konsumstandards (↑**LOHAS**). Um den spirituellen Mehrwert nicht zum reinen **GREEN-WASHING** verkommen zu lassen, gilt das Motto: »Change, not charity!« Da sich Idealismus dieser Tage auch zunehmend gut verkauft, lohnt sich die neue Ethik vieler Firmen mitnichten nur rein karmatechnisch, sondern erfreulicherweise auch in pekuniärer Hinsicht.

KICK-OFF-MEETING [*zu engl. kick-off = Anstoß und engl. meeting = Besprechung*] Hier werden Nägel mit Köpfen gemacht. Das Kick-off-Meeting ist das Anstoßtreffen zum Start eines Projektes. Rahmen, Ziele und Zuständigkeiten werden geklärt, Teams gebildet und der genaue Ablauf wird festgelegt. Besonders sensibel reagieren dabei Mitarbeiter wie Kunden auf die Stellungnahmen von Abteilungsleitern oder Vorständen: Betonen diese zum Beispiel ausdrücklich die enorme Priorität des Vorhabens, um dann schnell zu verschwinden und sich nie wieder zu interessieren, hinterlässt das einen ebenso ungünstigen Eindruck wie eine Ansprache, bei der offensichtlich wird, dass der Chef nicht die leiseste Ahnung hat, worum genau es eigentlich geht.

KLICKBETRUG Unter Klickbetrug versteht man die Manipulation von Klickzahlen auf Google, Yahoo und anderen Suchmaschinen mit dem Ziel, den ↑**PAGERANK** einer Internetseite zu verbessern und natürlich durch Klicks auf Werbebanner Geld zu machen. Es gibt viele verschiedene Arten, die Klickzahlen zu erhöhen. Entweder gehen Klickbetrüger manuell vor, oder sie programmieren eigene Skripte, um Klicks gezielt zu simulieren (vgl. ↑**BOTS,** ↑**KLICKVIEH**).

KLICKVIEH Die Informationsgemeinschaft zur Feststellung der Verbreitung von Werbeträgern (IVW) bestimmt den Wert einer Webseite für die Werbeindustrie, indem sie die Besucher der Homepage und die von ihnen generierten Seitenklicks misst. Kommerzielle Internetseiten haben ein hohes Interesse daran, möglichst große Zahlen von Klicks vorzuweisen, um in der Wertung nach vorn zu kommen. Da die Visits einer Seite nur bedingt zu beeinflussen sind, wird oft mit Tricks versucht, zumindest die Klickzahlen zu verbessern. Dazu werden mit Vorliebe Bildergalerien angelegt, durch die sich der Besucher klicken muss. Ein Artikel wird dabei auf mehrere Unterseiten verteilt oder es werden kostenlose Onlinegames angeboten. User, die sich durch diese **KLICKSCHINDER** surfen, werden abwertend als ausgenutztes Klickvieh bezeichnet.

KLIMAPHOBIKER Besteht das Hauptproblem des Klimawandels bislang eher darin, die Menschheit für die katastrophalen Zukunftsfolgen unserer derzeitigen Lebensführung zu sensibilisieren, ist der Klimaphobiker dagegen übersensibilisiert. Von Furcht geplagt, neigt er dazu, die Folgen zu dramatisieren und den biologischen Tod unserer Erde durch diverse Klimakatastrophen noch dieses Jahr zu erwarten. Statt in Panik auszubrechen oder in Verdrängungshaltung zu erstarren, empfehlen Klimaexperten den goldenen Mittelweg: Handeln.

LINKBEGGING [*Zusammensetzung aus Link und engl. to beg = betteln*] Ein wichtiger Faktor, um in der Google-Ergebnisliste ganz oben geführt zu werden, sind ↑**BACKLINKS** auf anderen Internetseiten. Diese Rückverlinkung in Form von Surftipps, die auf externen Seiten stehen, verbessert den eigenen ↑**PAGERANK,** was mehr Klickzahlen und mehr Besuch auf der Homepage bedeutet und letztendlich die Attraktivität für Werbekunden steigert. Während große Unternehmen sich um Backlinks keine Sorgen machen müssen, versuchen kleinere kommerzielle Betreiber, die eigene Website auf möglichst vielen anderen Seiten zu platzieren. Der Begriff Linkbegging bedeutet wörtlich »Links erbetteln« und kommt als solcher nicht in der englischen Sprache vor. Linkbegging umfasst alle profanen Aktionen, die über das förmliche Erbeten von Links hinausgehen, z. B. das massenhafte Platzieren von Verlinkungen in Foren.

LOSERSHIP [*zu engl. loser = Verlierer*] Angela Merkel wird auch innerhalb ihrer eigenen Partei immer wieder Führungsschwäche, neudeutsch Losership, vorgeworfen. Ob dieser Vorwurf nun stimmt oder nicht – was von Menschen in hohen Positionen erwartet wird, ist **LEADERSHIP,** also Führungsstärke. Neben Merkel sind es vor allem lobbygelähmte Politiker, denen Losership unterstellt wird, weil sie ihren Führungsaufgaben nicht richtig nachkommen und trotz dringlicher sozialer, ökonomischer und ökologischer Probleme nicht genügend Akzente setzen.

MENSEN [*zu lat. Mensa = Universitätskantine*] Studenten haben bekanntlich wenig Geld und nutzen daher bevorzugt die kostengünstigen Universitätskantinen. Die Mensa ist aber auch ein Ort der Begegnung und der mittägliche Gang zur Massenspeisung ein Akt der Sozialisierung. Mensen meint daher unter Studenten nicht bloß Essen gehen, sondern auch Freunde treffen und ausgiebig plaudern.

MERKRESISTENT Jemand, der offensichtliche Sachverhalte und Kausalzusammenhänge auch nach mehrmaligem Erklären nicht begreifen kann oder will, ist merkresistent. Meist sind diese Personen immun gegen jede

Art von vernünftigem Einwand oder sachlichem Ratschlag und zeichnen sich durch Sturköpfigkeit und Dummheit aus. Abwertend wird jemand mit fehlender Lust auf eine vernünftige Schulbildung, geringer Intelligenz und Unwillen zu lernen als **BILDUNGS-RESISTENT** bezeichnet. Analog dazu kann man natürlich auch beratungsresistent oder moderesistent sein.

MOPFER [*Zusammenziehung aus Mobbing und Opfer*] Wer ↑OPFER von Mobbing wird – sei es in Schule, Uni oder am Arbeitsplatz –, hat nichts zu lachen. Gemobbt wird heutzutage subtil durch Ausgrenzung des Leidtragenden, durch öffentliche Demütigung oder durch heimtückisches Anschwärzen beim Chef oder der Lehrerin. Hat sich erst ein Rudel zusammengerottet, entwickelt sich eine regelrechte Gruppendynamik und das Mopfer kann sich nur schwer aus seiner Außenseiterlage befreien.

NACKTSCANNER Nach Waffen abgetastet zu werden, gehört seit Langem zum eher unangenehmen Prozedere auf internationalen Flughäfen. Die Einführung von Body- bzw. Terahertz-Scannern oder, umgangssprachlich ausgedrückt, Nacktscannern, die Personen auf dem Monitor unbekleidet erscheinen lassen, stellt für viele jedoch eine Verletzung ihrer Intimsphäre und ihrer Persönlichkeitsrechte dar. Die Antwort auf die Frage, wie weit staatliche Sicherheitsmaßnahmen in die Privatsphäre der Menschen eingreifen dürfen, wird durch neue technische Möglichkeiten zunehmend komplizierter. Kritiker fürchten zu Recht eine inflationäre Verbreitung der Technik. So plant beispielsweise London den Einsatz von Nacktscannern zur Überwachung von Fußballstadien, Straßen und Plätzen.

NETROOTS [*Zusammensetzung aus Net für Internet und engl. root = Wurzel*] In den 1970ern wurden politischer Aktivismus und gesellschaftliche Initiative, die aus der Bevölkerung heraus entstanden waren, als Grassroots- bzw. Graswurzelbewegung bezeichnet. Wie der Name schon sagt, wurden Aktionen zur politischen Meinungsbildung gestartet, die dann eine Bewegung von unten nach oben auslösten. Die moderne analoge Bezeichnung dieses politischen Aktivismus, der sich die technischen und digitalen Neuheiten, die das Internet bietet, zunutze macht, ist Netroots. US-Präsident Barack Obama hat 2008 seinen Wahlkampf ins Netz verlegt, es wurde gebloggt, ↑GE-TWITTERT und eine Lobby mittels

Onlinecommunitys geschaffen. Die damit einhergehende Kettenreaktion hat besonders ↑**DIGITAL NATIVES** aktiviert und zum Wählen motiviert.

OBAMAESK Der US-Präsident Barack Obama wird gefeiert wie ein Popstar. Auch unter deutschen Politikern führt die grassierende **OBAMANIA** zu zaghaften Versuchen, dessen erfolgreichen Wahlkampf nachzuahmen, immer in der Hoffnung, ein bisschen Glanz in die heimische Politik zu importieren. Die allzu rudimentären Versuche deutscher Politiker, sich im ↑**WEB 2.0** obamaesk zu profilieren, scheiterten bislang jedoch meist kläglich.

OBERTAN [*Analogiebildung zu Untertan*] Unten und oben sind Gegensätze, die zusammengehören. Daher ist es die logische Konsequenz, dass es zum Untertan auch eine Entsprechung auf den oberen Rängen der Hierarchie gibt: den Obertan, auch bekannt als Chef, Vorgesetzter, Vorstand, Direktor, Oberhaupt, Häuptling, Kanzler oder, ganz banal, die eigenen Eltern, die ja schließlich bis zur Volljährigkeit auch noch ein Wörtchen mitzureden haben.

OFFSHORING [*engl. für: Standortverlagerung*] Ruft man in Deutschland bei einer Hotline an, kann es durchaus passieren, dass man, ohne es zu merken, mit einem Servicemitarbeiter in Indien telefoniert. Im Gegensatz zum Outsourcing, also der Abgabe einzelner Unternehmensaufgaben an externe Firmen, ist mit dem Offshoring die Auslagerung der Arbeit ins Ausland gemeint. Hintergrund dieser Begleiterscheinung der Globalisierung sind in der Regel geringere Lohnkosten, niedrigere Steuern oder weniger Umweltauflagen. Mit ↑**KARMAKAPITALIS-MUS** hat das dann allerdings nicht mehr viel zu tun. Aufgrund schlechter Erfahrungen überlegen viele Firmen, das Offshoring einzustellen und wieder **ONSHORING** zu betreiben, weil regionale Nähe, kurze Wege und bessere Qualitätskontrolle die möglicherweise höheren Kosten ausgleichen und zudem Arbeitsplätze im Inland gesichert werden.

ÖKONOZID [*Zusammenziehung aus Ökonomie und Suizid*] In Deutschland sorgte als einer der Ersten der Unternehmer Adolf Merckle für schockierende Schlagzeilen, als er sich am 5. Januar 2009 vor einen fahrenden Zug warf. Diesem Selbstmord aus ökonomischen Gründen folgten als Reaktion auf die Finanzkrise weitere sogenannte Ökonozide, vor allem unter ↑**BANKS-TERN** und prominenten Finanziers in den USA. Nichtlebensmüde, die ihrer ausweglosen wirtschaftlichen Situation entkommen wollen, sorgen ebenfalls für schockierende Meldungen, indem sie die gewaltfreie Variante des nur vorgetäuschten Freitods wählen.

OUT OF THE BOX [*engl. für: aus der Trickkiste*] Viele kennen die Denkaufgabe: Alle neun in Dreierreihen angeordneten Punkte in einem Kästchen sind, ohne den Stift abzusetzen, mit höchstens vier Linien zu verbinden. Der Lösungsweg ist dabei so überraschend wie simpel: Mit den ersten beiden Linien muss über die Grenzen des Kästchens hinausgezeichnet werden, um dank des größeren Winkels alle Punkte erreichen zu können. Die hier erforderliche Bewegung »out of the box« ist zum Synonym für kreatives Denken außerhalb festgefahrener Konventionen geworden. Längs- und Querdenken ist im multimedialen Informationszeitalter eine Fähigkeit, über die ↑HIPOS und andere Karrieristen auf jeden Fall verfügen sollten. Die Redewendung kann aber noch eine andere Bedeutung haben: Vorgefertigte Produkte von der Stange, die sofort einsatzbereit sind, wenn man sie aus der Verpackung nimmt, werden auch als »out of the box« bezeichnet. Quasi »plug and play« – einstöpseln und loslegen.

PERMANENT BETA Der Begriff Betaversion bezeichnet bei der Softwareentwicklung eine nicht finale Software, die möglicherweise noch kleinere Fehler enthält. Die Betaversion ist die Vorstufe auf dem Weg zu einer fehlerfreien, finalen Alphaversion. Dieses Vorgehen lässt sich auf viele andere Bereiche übertragen. Produkt- und Innovationszyklen werden immer kurzfristiger, jedes Produkt ist nur ein Vorgänger des nächsten, nicht nur auf dem Gebiet der Technik. Neues wird immer schneller alt. Das gleiche Prinzip gilt auch für den Menschen: In einer schnelllebigen Zeit, in der alle ↑TWENTYFOURSEVEN sind und Stillstand Rückschritt bedeutet, muss sich jeder ständig leistungsbereit und entwicklungsfähig zeigen. Wer permanent beta ist, kennt kein Sein, sondern nur ein Werden. Das ganze Leben ist »work in progress«, immer im **»FLOW«** und bereit für ein Upgrade.

PHOTOSHOPPEN [*zu Photoshop*] Photoshop ist ein bekanntes und weitverbreitetes Bildbearbeitungsprogramm der Firma Adobe. Mit diesem Programm können Grafiken, Entwürfe und Fotos bearbeitet, gedreht, zurechtgeschnitten und in Farbe, Form und Größe geändert werden. Was Photoshop jedoch besonders beliebt macht, sind die kleinen Tricks, mit deren Hilfe Fotos retuschiert, verbessert und nachbearbeitet werden. Ein paar Klicks und schon ist die Cellulitis, das unschöne Muttermal oder die unreine Haut verschwunden und der Abgebildete erstrahlt in perfektem Hochglanz. Diese Kniffe machen das Photoshoppen besonders für Werbung oder Printmagazine interessant, die damit ihre Covergirls und Produkte ordentlich ↑PIMPEN. Nicht selten wirkt ein gephotoshopptes Bild künstlich und unecht, was durch das ↑AD-BUSTING aufgegriffen, künstlerisch kommentiert und offengelegt wird.

PIXELSCHUBSER Wenn man für seinen Job überqualifiziert ist oder die eigene Arbeit nicht entsprechend gewürdigt wird, ist manchmal die einzige Rettung, sich in Selbstironie zu flüchten. So sprechen Redakteure, die zur Googlerecherche abkommandiert werden, vom Schürfen in den Datenminen. Pixelschubser nennen sich dagegen Webdesigner und Grafiker, die, anstatt Neues zu schaffen, dazu verdonnert sind, in monotoner Fließbandmanier vorhandene Bilder oder Grafiken zu bearbeiten.

POLYLEMMA [*zu Dilemma*] Wenn Soziologen von einer Multioptionsge-

sellschaft sprechen, dann meinen sie, dass wir verglichen mit früher viel mehr Möglichkeiten und Wahlfreiheiten haben. Aber auch diese Medaille hat zwei Seiten: Mehr Wahlmöglichkeiten heißt, immer mehr Entscheidungen treffen zu müssen. In einem Dilemma steckt jemand, der zwischen zwei Möglichkeiten wählen muss. Ein Polylemma potenziert diese Zwickmühle. Hier muss eine Wahl zwischen mindestens drei Wegen getroffen werden, von denen jeder gleich gut oder gleich schlecht ist. Wer Pech hat, gerät dabei in eine **LOSE-LOSE-SITUATION**, bei der er eigentlich nur verlieren kann, egal wie es ausgeht.

PREKARIAT [*Zusammensetzung aus prekär und Proletariat*] Der Begriff, der analog zu Proletariat gebildet ist, kommt aus der Soziologie und bezeichnet eine neue gesellschaftliche Gruppierung, deren Lage misslich ist. Gemeint sind damit Arbeitslose, Zeitarbeitnehmer, Alleinerziehende, chronisch Kranke und sogenannte ungeschützt Arbeitende wie z. B. Selbstständige mit geringem Einkommen, Freiberufler, Angestellte mit befristeten Verträgen und ↑DAUERPRAKTI-KANTEN. Alle haben eines gemeinsam: Sie sind nahezu mittellos und tragen das Risiko, ihren Lebensunterhalt jederzeit zu verlieren – insofern sie überhaupt eine Beschäftigung haben –, und riskieren, zum Sozialfall zu werden. Flexible und damit unsichere Arbeitsverhältnisse, niedrigstes Einkommen, Arbeitslosigkeit und die daraus resultierende Verschuldung sind Merkmale dieser »neuen Unterschicht«. Menschen, die zum Prekariat gehören, laufen ständig Gefahr, von der gesellschaftlichen Teilhabe ausgeschlossen zu werden. Je weiter die Schere zwischen Arm und Reich aufgeht, desto größer wird auch das Prekariat.

PRO AM [*engl. Abkürzung für: professional amateur*] In vielen Sportarten gibt es enthusiastische Hobbyathleten, deren Können sich auf durchaus profiähnlichem Niveau bewegt. Beispielsweise können Freizeitgolfer immer noch recht hohe Summen erspielen, und selbst die Kicker aus der fünften Liga bekommen eine Aufwandsentschädigung und Ablöse bezahlt. Solche Pro Ams finden sich nicht nur in der Welt des Sports, sondern auch in anderen Gebieten. So stützt sich das Betriebssystem Linux auf eine große Gemeinde professioneller Hobbyprogrammierer, Wikipedia wird von Freizeitenzyklopädisten kollaborativ geschrieben und Blogger machen Zeitungsverlagen Konkurrenz. Mittlerweile sprechen viele sogar von einer regelrechten Pro-Am-Revolution.

PROSUMENT [*Zusammenziehung aus Produzent und Konsument*] Die Grenzen zwischen Verbraucher und Hersteller verschwimmen zunehmend. In diversen Onlineshops gibt man persönliche Vorlieben an, auf die das Endprodukt zugeschnitten wird. Sei es bei der Kreation des persönlichen Traummüslis, der Zusammenstellung des perfekten Duftes oder dem kreativen Entwurf von Turnschuhen, man bekommt, was man sich wünscht. In manchen Fällen wird das erstellte Endprodukt online für weniger kreative Menschen zum Kauf bereitgestellt.

QUARTERLIFE-CRISIS [*analog zu engl. midlife crisis*] Die Midlife-Crisis trifft bekanntermaßen 40- oder 50-Jährige, deren Kinder aus dem Gröbsten raus sind und die plötzlich realisieren, dass ihr Lebenszug so gut wie abgefahren ist. Dann wird vielleicht ein neues Extremhobby gewählt, ein Porsche gekauft oder die Ehefrau durch eine junge Geliebte ersetzt. Die Quarterlife-Crisis, kurz QLC, trifft dagegen 20- bis 30-Jährige, die als ↑DAUERPRAKTIKANTEN noch immer zum ↑PREKARIAT gehören oder die den ersten Job gerade hinter sich haben und in eine Sinnkrise stürzen. Nach der Bewältigung der QLC bleiben ergo 15 bis 20 lebenskrisenfreie Jahre für Karriere und Familiengründung.

QUICK & DIRTY [*engl. für: schnell und dreckig*] Unter Programmierern gibt es den Ausdruck »code is zen«, was so viel bedeutet wie: Ein guter Quellcode ist ganzheitlich wie Zenbuddhismus. Unter Zeitdruck bleibt dieses Ideal aber schon mal auf der Strecke, dann muss es quick & dirty gehen, also schnell und damit unsauber. Das Ergebnis ist eine **GOOD-ENOUGH-SO-LUTION,** also eine Software, die zwar funktioniert, aber unsauber programmiert ist oder lediglich oberflächlich einen Fehler behebt, ohne dabei das ursächliche Problem zu lösen. In anderen Arbeitswelten bedeutet quick & dirty dagegen, sich nicht in Details zu verlieren, sondern einander kurz und knapp auf den neusten Stand zu bringen oder mit wenig Aufwand zu einer akzeptablen Lösung zu kommen.

RAPUCATION [*Zusammenziehung aus Rap und engl. educution = Bildung, Unterricht*] Seit jeher benutzen Schüler Eselsbrücken, um sich Lerninhalte leichter merken zu können. So gesehen war es nur eine Frage der Zeit, bis findige Rapper diese Marktlücke ent-

deckten. Die Musiker schworen Sex, Gewalt und Drogen ab, um sich fortan dem Verpacken von Schulwissen in Rapucation-Songs zur Bildungsförderung zu widmen. In ersten Pilotprojekten wird Schülern ein Teil des Stoffes vorgerappt und von begleitenden Beats ins Hirn gehämmert. Und siehe da: Tests zeigen, dass Schüler über Rapucation immerhin genauso gut lernen wie mit Arbeitsblättern. Word!

RELIGIONSNEUTRAL In den USA finden die Kreationisten zunehmend Anhänger, während in Berlin ein Volksentscheid über die Wiedereinführung von freiwilligem Religionsunterricht scheitert und durch London Busse fahren mit der Aufschrift »Gott existiert wahrscheinlich nicht. Also mach dir keine Sorgen und genieße das Leben«. Religionsneutrale Menschen sind in diesem uralten und doch wieder aktuellen Konflikt so etwas wie parteilose, oft konfessionslose Schiedsrichter, die dem religiösen Treiben auf allen Seiten etwas distanzierter und weniger emotionsgeladen gegenüberstehen als die Parteigänger der einen oder anderen Glaubensrichtung.

RIESTERN Vom 10. Platz bei der Wahl zum Wort des Jahres 2001 hat es die »Riester-Rente« bis 2008 zu 12 Millionen Vertragsabschlüssen und ihrem eigenen Verb gebracht. In die private, von der Bundesregierung durch Zulagen geförderte Altersvorsorge zu investieren, wird als riestern bezeichnet. Namensgeber für die Riester-Rente ist Walter Riester, der als Bundesminister für Arbeit und Sozialordnung den Vorschlag zu einer staatlichen Förderung der freiwilligen Altersvorsorge durch eine Altersvorsorgezulage machte.

RUSHEN [*zu engl. to rush = stürmen*] Mit dem Phänomen verstopfter Straßen während der Rushhour hat diese in Onlinestrategiespielen angewandte Taktik nur noch entfernt etwas zu tun. Beim Rushen versuchen Spieler kurz nach dem Spielstart mit möglichst vielen Einheiten in das gegnerische Lager einzufallen, bevor der Gegner auf einen solchen Angriff vorbereitet ist. Davon abgesehen kann rushen beim Onlinespiel aber auch in seiner wörtlichen Bedeutung für »sich beeilen« oder »drängeln« verwendet werden: Man wird gerusht oder rusht selbst jemanden. Jenseits der Gamerwelt steht der Begriff ebenfalls für »durch etwas durchrauschen« – durch Meetings, durch Einkaufsstraßen, durch Texte oder durchs Leben.

SCAMMER [*engl. für: Betrüger*] Sie haben mal wieder eine E-Mail erhalten, in der Ihnen die Beteiligung an einem lukrativen Geschäft angeboten wird, sofern Sie bereit sind, einen gewissen Betrag vorzuschießen? Obwohl man glauben könnte, dass derartige Betrugsmaschen inzwischen allgemein bekannt sind, verdienen sich Scammer, die Absender solcher E-Mails, noch immer eine goldene Nase mit dieser Art des Vorschussbetrugs.

SCHLEPPTOP [*Zusammensetzung aus schleppen und Laptop*] Tragbare Computer sind zwar nicht mehr so schwer wie früher, ab einer gewissen Größe jedoch immer noch alles andere als handlich und leicht. Im Gegenteil: An einem 17-Zoll-Notebook hat man ganz schön zu schleppen. Daher wird der elektronische Begleiter abgekürzt auch liebevoll als Schleppi bezeichnet.

SCHWARMINTELLIGENZ Fisch- oder Vogelschwärme funktionieren über Selbstorganisation. Der Einzelne orientiert sich am Nachbarn, kein Mitglied der Gruppe hat den Überblick über das Ganze, trotzdem funktioniert das System perfekt. Eine Form von Schwarmintelligenz lässt sich auch im Internet beobachten: Dort versammeln sich situativ immer wieder große Gruppen, die in ihrer Summe klüger sind als ihre einzelnen Mitglieder. Die Onlineenzyklopädie Wikipedia, die laufend von den Nutzern erweitert wird, ist ein Paradebeispiel hierfür: Gegenseitige Offenheit und Kontrolle führen, von gelegentlichen ↑EDITWARS abgesehen, zu einer Effizienz bei der Entscheidungsfindung, die es bei anderen Organisationsformen nicht gibt. Auch ↑FLASHMOBS basieren auf schwarmintelligentem Verhalten.

SINNFREI Umgangssprachlich bezeichnet man mit »sinnfrei« einen Sachverhalt oder eine Aktion, die man eigentlich auch als »sinnlos« beschreiben könnte und die völliger ↑WOMBAT ist. Für alle Freunde des feingeistigen Unterschieds, die sich auf der nächsten Party als ↑BULLSHITTER outen möchten, sei aber hinzugefügt: Mit dem Ausdruck »sinnlos« wird das Fehlen jeglichen Sinns als Mangel bewertet: Etwas hat keinen Sinn, obwohl es eigentlich sinnvoll ist, z. B. jeden einzelnen Menschen davon zu überzeugen, dass Gewalt keine Lösung ist. Der Begriff »sinnfrei« hingegen existiert außerhalb der Kategorie sinnvoll/sinnlos und verfügt über die positive Konnotation der Befreiung von Zwängen und jeglicher Logik. Etwas ist sinnfrei, wenn man damit überhaupt keinen Sinn verbinden kann, z. B. eine Blödelei. Die Grenzen zwischen sinnlos und

sinnfrei sind sicherlich fließend. Es mögen sich Philosophen des Themas annehmen.

SKIMMING [*zu engl. to skim = abschöpfen*] Der Hinweis an Bankautomaten, die Geheimzahl verdeckt einzugeben, schützt vielleicht vor einem späteren Übergriff potenzieller umstehender Gauner. Per Skimming, der neuen Form des Ausspähens der Karteninformationen, müssen technisch versierte Betrüger sich die Hände jedoch längst nicht mehr so schmutzig machen. So kopiert etwa eine Attrappe über dem Karteneinzug den Magnetstreifen, während die Eingabe der PIN per Minikamera gefilmt wird. Mit einer Kartenkopie können sich die Täter anschließend unbemerkt Zugriff auf das Konto verschaffen und den Ahnungslosen um große Summen erleichtern.

SPEICHERSTIFT Ähnlich dem ↑GEHKAFFEE folgt auch der Speicherstift dem Trend der Rückübersetzung von englischen Begriffen ins Deutsche. Der als Memorystick® oder USB-Stick bekannt gewordene Datenträger zeichnet sich durch eine hohe Speicherkapazität, schnelle Datenübertragung und einfache Handhabung aus und verdrängt zunehmend den CD-Rohling. Aufgrund ihrer Form und Art der Anwendung werden die Minifestplatten auch liebevoll als Datenzäpfchen bezeichnet.

STASI 2.0 Das Konterfei Che Guevaras wurde, zumindest bei serienmäßig an Großstadtwände gesprühten Schablonengraffiti, zeitweise von einem Abbild Wolfgang Schäubles abgelöst. Dies jedoch nicht etwa, um dem Bundesinnenminister die Ehre zu erweisen und ihm für sein Engagement zu huldigen. Vielmehr gilt er einigen als Feindbild, denn seine sicherheitspolitischen Vorschläge zum ↑**BUNDESTROJANER** und zur ↑**VORRATSDATENSPEICHERUNG** werden vielfach als Beschneidung digitaler Bürgerrechte im ↑**WEB 2.0** angesehen. Die Nähe zum Überwachungssystem der DDR und ihrer Staatssicherheit brachte den netzkulturellen Begriff Stasi 2.0 hervor. Weil man auch auf der Plattform StudiVZ seine Mitmenschen, allerdings mit deren Wissen, so richtig schön ausspionieren und bespitzeln kann, hat sich dafür spaßhaft das Synonym **STASIVZ** herausgebildet.

STRUGGELN [*zu engl. to struggle = sich abmühen, abrackern*] Wenn der ↑**WORKLOAD** ohnehin schon übermächtig und die Zeit knapp ist, gerät man ins Struggeln, was bedeutet, dass man sich mit einer Sache abkämpft oder herumärgert, ohne so recht voranzukommen, oder gar daran scheitert. Man struggelt allerdings nicht nur bei Zeitdruck, auch mit dem Freund kann man rumstruggeln, wenn dieser mal wieder andere Pläne für den gemeinsamen Abend hat als gedacht. Oder mit der neuen Software, wenn diese eben nicht mal eben »plug and play« funktioniert, sondern das Studium eines 120-seitigen Manuals erfordert.

STUDIENKREDIT Für viele Studenten reicht heute das BAföG oder die finanzielle Unterstützung durch die Eltern nicht aus, um ihr Studium finanzieren zu können. Grund dafür sind vor allem hohe Studiengebühren, die semesterweise zu zahlen sind und zu den üblichen Ausgaben für Miete, Monatskarte, Bücher und Lebensmittel noch hinzukommen. Deshalb müssen Studierende immer häufiger ein Darlehen zur Finanzierung, kurz Studienkredit, ihrer Ausbildung aufnehmen. Damit legen sie schon im jungen Alter den Grundstein für einen Schuldenberg, der noch Jahre nach der Studienzeit abgetragen werden muss.

SUCHMASCHINENOPTIMIERUNG Der ↑**PAGERANK** einer Seite, also ihre Platzierung im Google-Ranking, ist für den finanziellen Gewinn entscheidend. Denn je höher der Pagerank, desto mehr Klicks und Besucherzahlen und desto höher damit das Interesse von Werbekunden, mit der Seite zu kooperieren. Also müssen die Kriterien für das **RANKING** geknackt werden. Dabei ist nicht nur entscheidend, ob das gesuchte Wort im Text vorkommt, sondern auch wie oft, in welchem Verhältnis zur Gesamtanzahl von Wörtern, ob es in der Überschrift steht usw. Dazu kommen technische Kriterien sowie Klickzahlen und ↑**BACKLINKS** der Seite. Will man eine Internetseite technisch und redaktionell auf den Pagerank ausgerichtet verbessern, um in der Suchmaschinen-Trefferliste weiter nach vorne zu rutschen, nennt man das Suchmaschinenoptimierung (kurz: SEO). Sogenannte **GOOGLE-SPEZI-ALISTEN** helfen dabei, die Programmierung und das »Google-Deutsch« zu optimieren.

TEAMPLAYER [*engl. für: Mannschaftsspieler*] Teamplayer kennt man aus dem Sport. Gerade für Mannschaftssportarten sind Teamgeist und Zusammenspiel unerlässlich. Diese Denke hat sich auch in der Arbeitswelt etabliert. Teamplay ist ein wichtiger Aspekt der sogenannten Soft Skills. Nicht nur ↑**HIPOS** sollten ein hohes

Maß an Teamfähigkeit haben. Inzwischen gehört sie zum Pflichtrepertoire so ziemlich jeder Bewerbung. Die Behauptung, ein Teamplayer zu sein, droht zur reinen Floskel zu verkommen, die keinen Schluss auf die tatsächliche soziale Kompetenz erlaubt. Um sich ein realistischeres Bild zu machen, laden Personalentscheider gerne zu Assessment-Centern, in denen sie das Verhalten von Bewerbern in der Gruppe beobachten, oft schon bevor der offizielle Teil der Veranstaltung beginnt. Inzwischen sind jedoch die meisten Tests und Tricks der Firmen hinlänglich bekannt, sodass es sich beim Bewerbungsgespräch wie auch im späteren Beruf und zwischen den Kollegen eigentlich am meisten auszahlt, wenn man sich Mühe gibt und authentisch bleibt und hofft, dass die Chemie stimmt.

TRYVERTISING [*Zusammenziehung aus engl. to try = versuchen, ausprobieren und engl. advertising = Werbung*] Mehrmals in jedem Semester verwandeln sich die deutschen Hochschulen in ein regelrechtes Tütenmeer. Promoter verteilen dann Tausende geschlechtsspezifisch vorsortierte Papiertüten mit einem Sammelsurium an Shampooproben, Frauenzeitschriften, Päckchensuppen, Energydrinks, Kondomen … – mit eben allem, was Studenten nach Meinung der jeweiligen Marketingexperten zum Leben brauchen könnten. Über dieses Verteilen von Testmustern und Pröbchen hinaus lässt sich generell jede Form von Real-Live-Product-Placement als Tryvertising bezeichnen. Das »Ausprobierenlassen«, etwa über einen gebrandeten Snack im Flugzeug oder die einheitliche Ausstattung von Hotelketten durch bekannte Möbelhäuser, dient wie z. B. auch das **↑GUERILLAMARKETING** als Erfolg versprechende Strategie, sich jenseits der klassischen Anzeigenwerbung bei den Konsumenten bekannt zu machen.

TUTORIAL [*engl. tutorial = Anleitung*] Tutorials sind Gebrauchsanweisungen für die Benutzer von Computerprogrammen oder PC-Spielen, die in Form kleiner Erklärfilmchen im Netz jederzeit abrufbar sind. Sie erklären Schritt für Schritt die Handhabung der Software oder die Lösung schwieriger **↑QUESTS.** Anders als **↑WEBINARE** sind Tutorials jederzeit abrufbar und unabhängig von einem fest vereinbarten Termin.

TWEAKEN [*von engl. to tweak = an etwas feilen, tricksen*] Dass es besser ist, keiner Statistik zu trauen, die man nicht selbst gefälscht hat, ist spätestens seit Winston Churchill bekannt. Ob die Weisheit tatsächlich von dem ehemaligen britischen Premierminister stammt oder ihm von einem findigen Redakteur in den Mund gelegt wurde, ist bis heute unklar. Als gesichert gilt dagegen, dass das Tweaken, d. h. die Tatsache, sich Dinge auch um den Preis leichter Einbußen bei der Korrektheit passend zu machen, ein nicht nur auf Medien und Politik beschränktes Phänomen ist. Auch wer an seinem Auto herumschraubt oder seinen Rechner repariert, kann einfach ein bisschen rumtweaken, damit alles so passt, wie es passen soll.

TWEEN [*Zusammensetzung aus Teenager und engl. between = dazwischen*] Nach **↑TWENTYSOME-THINGS** und Teenagern gibt es nun auch einen ökonomischen Begriff für die noch Jüngeren. Kinder verfügen heute, schon bevor sie das Teenageralter erreichen, zunehmend über eine nicht unerhebliche Kaufkraft: Die Zielgruppe der 8- bis 12-Jährigen setzt in Deutschland jährlich rund zwölf Milliarden Euro um. Zwar wird es von vielen Seiten als unethisch angesehen, diese Tweens direkt zu umwerben, trotzdem möchten Marketingstrategen auf diese minderjährige Zielgruppe

24 Stunden, 7 Tage die Woche. »Always on« und immer auf dem Laufenden ist der Jobnomade mobil mit dem Rest der Welt verbunden.

nicht verzichten, die als ungeheuer meinungsstark und zugleich relativ beeinflussbar gilt.

TWENTYFOURSEVEN [*auch 24/7*] Wer rund um die Uhr erreichbar ist und sieben Tage die Woche arbeitet, ist twentyfourseven im Dienst. Möglich macht das die neueste Technik. Durch iPhones und Blackberrys, auch bekannt als ↑CRACKBERRYS, steigt der Druck, geschäftliche E-Mails von überall abzurufen und Telefonkonferenzen zu führen, selbst wenn man eigentlich gerade in der Badehose am Pool liegt. Mit dem »always on«-Gedanken verschwimmt die Grenze zwischen Arbeit und Freizeit.

TWENTYSOMETHINGS Wer 28 Jahre alt ist, ist irgendwie schon kein richtiger Mittzwanziger mehr. Aber auch Twen scheint im Sprachgebrauch nur die ersten paar Lenze nach der 19 abzudecken. Gut, dass es da den neudeutschen Begriff Twentysomethings gibt, der die Altersspanne von 20 bis 29 abdeckt und demjenigen, der darunterfällt, einen jugendlichen Charme verleiht. Analog können die 30- bis 39-Jährigen als **THIRTY-SOMETHINGS,** die Menschen in den Vierzigern als **FORTYSOMETHINGS** usw. bezeichnet werden.

UMWELTZONE Messungen der Luftqualität in Deutschland decken vielerorts immer wieder ein Überschreiten der von der EU festgelegten Grenzwerte für Feinstaub und Stickstoffoxid auf. Deshalb haben einige Städte der Luftverschmutzung den Kampf angesagt und sogenannte Umweltzonen eingerichtet. Da der Straßenverkehr als einer der Hauptverursacher städtischer Luftverschmutzung gilt, bedeutet das für Fahrer älterer Fahrzeuge häufig »draußen bleiben«. Befahren darf die Zone nur derjenige, dessen Auto entsprechende Abgasnormen erfüllt und der das auch mit einer Plakette belegen kann.

UNDERPERFORMER [*zu engl. to underperform = die gewünschte Leistung nicht erbringen*] In jeder Firma gibt es Mitarbeiter, die überdurchschnittlich viel leisten, und andere, die sich nicht sonderlich einbringen. Solche Underperformer erreichen schlicht nicht die gesetzten Standards – und diese werden ja bekanntlich immer höher. Sind strukturelle Gründe wie etwa permanente Unterforderung schuld an der verminderten Arbeitsleistung, droht das ↑BORE-OUT-SYNDROM. Ist der Grund schlicht mangelnde Einsatzbereitschaft, droht die Kündigung. In der Organisationssoziologie gibt es hierzu den schicken Begriff »Peter-Prinzip«. Dieses besagt, dass in einem hierarchischen System jeder Beschäftigte so lange aufsteigt, bis er die Stufe der Unfähigkeit erreicht hat und damit eine Position, in der er höchstwahrscheinlich underperformed.

VERCHARTEN [*zu engl. to chart = aufzeichnen*] Um Powerpoint kommt kaum ein Student oder Angestellter für seine Präsentationen herum. Die einzelnen Seiten, die dann per Beamer an die Wand geworfen werden, heißen Charts. Wenn jemand etwas vercharten muss, dann bereitet er also die Informationen, die es zu berichten gilt, so auf, dass sie die Seiten der Präsentation möglichst hübsch und sinnvoll füllen.

VOLUNTEER [*engl. für: Freiwilliger*] Zwischen Abi und Studium wollen viele Jugendliche erst einmal eine Weile ins Ausland. Angebote, als Freiwillige in afrikanischen Dörfern Brunnen zu bauen oder in Südamerika Waisen zu betreuen, erfreuen sich dabei wachsender Beliebtheit. Dabei handeln die Volunteers allerdings nicht immer aus purem Altruismus heraus, schließlich ist soziales Engagement ein echter Trumpf im Lebenslauf. So gesehen eine richtige ↑WIN-WIN-SITUATION: Gutes tun, ins Ausland kommen, Erfahrungen sammeln und den Grundstein für die spätere Karriere legen.

VORRATSDATENSPEICHERUNG Neben Onlinedurchsuchungen (↑BUNDESTROJANER), Videoüberwachung und ↑NACKTSCANNERN ist die Verpflichtung von Telekommunikationsunternehmen zur Speicherung sämtlicher Kommunikationsdaten ihrer Kunden ein weiterer Dorn im Auge von Datenschützern. Mit dem Inkrafttreten des Gesetzes zur Vorratsdatenspeicherung am 1. Januar 2008 können ohne einen Anfangsverdacht sämtliche Telefon-, E-Mail- und SMS-Kontakte über einen Zeitraum von sechs Monaten nachvollzogen werden. Die Bundesregierung sieht in dieser Maßnahme einen wichtigen Schritt zur Bekämpfung von Kriminalität und Terrorismus, Gegner sehen dagegen einen kostspieligen, sicherheitstechnisch uneffektiven Schritt in Richtung Überwachungsstaat.

WEBCONNECTED [*aus engl. web = Netz und engl. to connect = verbinden*] Der Begriff bezeichnet eine Schnittstellenfunktion zwischen realer Welt bzw. realen Produkten und der virtuellen Welt. Eine bei Unternehmen immer beliebter werdende Marketingstrategie ist es, Produkte mit einer Internetanwendung zu verbinden. Bereits für Kinder gibt es Kuscheltiere, die einen Code bereithalten, der die Eintrittskarte für eine Onlinecommunity ist. Bei Nike können online Turnschuhe individualisiert werden, auf der Webseite von M&M's lassen sich Schokolinsen mit eigener Beschriftung kreieren. Webconnected ist aber auch vorliegendes Wörterbuch, das mithilfe einer Webseite, dem Szenesprachenwiki, entstanden ist.

WEBINAR [*Zusammensetzung aus Web und Seminar*] Wer an einem Webinar teilnimmt, der besucht ein Seminar im World Wide Web. Dazu muss der Teilnehmer nicht einmal die eigenen vier Wände verlassen, sondern loggt sich online zur Schulung ein. Unabhängig von Ort, Raum und Teilnehmerzahl garantiert das Internet interaktiven Austausch zwischen Vortragendem und Zuhörern. Zusätzlich können die Teilnehmer des Webinars in einer VoiP-Telefonkonferenzschaltung, die ebenfalls übers Internet realisiert wird, miteinander verbunden sein. Eine weitere Form des E-Learnings sind ↑**TUTORIALS.**

WIKI [*von hawaiianisch wiki-wiki = schnell*] Das besondere an der On-lineenzyklopädie Wikipedia ist, dass jeder Besucher die Möglichkeit hat, Artikel anzulegen, zu korrigieren oder zu erweitern. Dieses Prinzip wurde zwar nicht von den Wikipedia-Gründern erfunden, doch sind diese mittlerweile die bekanntesten Vertreter ↑**SCHWARMINTELLIGENTER** Kollaboration und der **OPEN-SOURCE-PHILOSOPHIE.** Ein Wiki kann mithilfe spezieller Software relativ einfach programmiert werden. So können innerhalb kurzer Zeit viele Seiten generiert und untereinander verlinkt werden – abhängig vom Mitmachwillen der User. Wikis gibt es zu allen erdenklichen Themen, von Star Wars über Punkmusik, Technik, Politik bis hin zu Satire- und Nonsensprojekten wie Stupidedia. Alle Projekte verbindet, dass es der jeweiligen Autorenschaft um Wissensvermehrung durch Partizipation und Konsens geht.

WIKIFIZIEREN [*Zusammensetzung aus Wikipedia und verifizieren*] Wer wikifiziert, der verifiziert eine Information, indem er sie im Onlinemitmachlexikon Wikipedia nachschlägt (**WIKIPEDIERT**). Dort findet sich zu fast jedem Thema ein Eintrag. Die Gefahr, an oberflächliches Halbwissen zu geraten, ist jedoch groß, denn die Einträge werden häufig aus dem Erfahrungsschatz Einzelner und aus

Google-Ergebnislisten zusammengetragen. Dennoch ist das Wikifizieren die schnellste Art des Recherchierens, um sich grob über etwas zu informieren und sich ↑QUICK & DIRTY zu ↑BESCHLAUEN.

WIKIWISSER Für Kulturpessimisten ist der Gedanke abwegig, dass ein Mitmachlexikon im Internet als solide Wissensbasis taugt. Deshalb ist in ihren Augen ein Wikiwisser, also jemand, der sein Wissen nicht aus Büchern, sondern aus der Onlineenzyklopädie Wikipedia bezieht, ein Transporteur gefährlichen Halbwissens. Entsprechend abwertend wird der Begriff Wikiwisser oftmals verwendet. Doch auch wenn nicht alle Einträge durchgängig von gleich hoher Qualität sind, besteht kein Anlass zu übertriebener Sorge: Verschiedene Studien belegen, dass Wikipediaartikel nicht von geringerer Qualität als Einträge in renommierten, gedruckten Enzyklopädien sind. Nicht zuletzt deshalb, weil die Einträge nach dem Prinzip der ↑SCHWARMINTELLIGENZ zustande kommen. Die Mehrheit ist immer klüger, wenn viele Einzelne unabhängig voneinander ihre Meinung abgeben.

WIN-WIN-SITUATION [*zu engl. to win = gewinnen*] Der Doppelsieg ist die Traumkonstellation unter den Geschäftsabschlüssen. In einer Win-win-Situation gibt es keine Interessenkonflikte. Die Interessen der beteiligten Parteien verbinden sich zu einem höheren Ziel, von dem alle Beteiligten profitieren. Es gibt keinen Verlierer, beide Seiten ziehen einen Nutzen aus der Kooperation, dem Verkauf oder einer Produktentwicklung. Verliebt sich dagegen die beste Freundin in den eigenen Partner, steht man vor dem unerquicklichen Gegenteil: einer **LOSE-LOSE-SITUATION.**

WOMBAT [*Abkürzung für engl. waste of money, brains and time = Verschwendung von Geld, Grips und Zeit*] Eine völlig sinnlose Veranstaltung, die allen Anwesenden nur Zeit und Nerven raubt und die möglicherweise auch noch Geld gekostet hat, ist WOMBAT. Man sitzt einfach die Zeit ab, in der man andere Sachen hätte erledigen können, und gewinnt nicht einmal an Erfahrung oder Wissen dazu. Viele kommerzielle PR-Veranstaltungen, die allein den Sinn haben, neue Produkte vorzustellen und zu bewerben, fallen unter WOMBAT. Aber auch eine Zeitschrift kann WOMBAT sein, ein schlecht gemachtes Computerspiel oder die Shoppingtour, auf der man nicht das Passende findet.

WOMENOMICS [*Zusammenziehung aus engl. women = Frauen und engl. economics = Ökonomie*] Die Girlies von gestern sind zu Powerfrauen herangewachsen, die wissen, was sie wollen, und die sich im Berufsleben immer mehr durchsetzen. Trotz aller immer noch existierenden Ungleichbehandlungen rücken immer mehr Frauen in Führungspositionen vor. In einem Wirtschaftssystem, das weniger auf Muskelkraft und mehr auf Kopfarbeit setzt, sind die Männer eben nicht naturgemäß im Vorteil.

WORD OF MOUTH [*engl. für: Mundpropaganda*] Die Mund-zu-Mund-Propaganda wird auch noch in Zeiten des Internets als eine der wirkungsvollsten Art zu werben geschätzt, nur eben englisch betitelt. Menschen vertrauen heute weniger auf klassische Werbebotschaften und sind oft durch die Fülle der Angebote des Marktes überfordert und reizüberflutet. Daher vertrauen sie eher auf Empfehlungen von Freunden und Bekannten, die bereits Erfahrungen mit den jeweiligen Produkten oder Dienstleistungen gemacht haben. Das wird auch als »Empfehlungsmarketing« bezeichnet oder abgekürzt als WOM, »word of mouth« eben.

WORK-AROUND Bildbearbeitungsprogramme bieten meist ein Spektrum an Möglichkeiten, ein und dasselbe Ziel zu erreichen. Wer dabei einen Umweg nimmt, weil er sich mit der Software nicht genügend auskennt und so drei Arbeitsschritte mehr als nötig braucht, der macht einen Work-around. Der Begriff hat seinen Ursprung im IT-Bereich. So werden dort Notbehelfe bezeichnet, die einen Fehler in einem Programm durch eine bestimmte Hilfskonstruktion umgehen, damit das Funktionieren der entsprechenden Anwendung sichergestellt bleibt. Mittlerweile wird als Work-around jede Form von alternativen, komplizierteren Herangehensweisen, die zwar zeitaufwendiger, aber nicht falsch sind, beschrieben.

WORK-LIFE-BALANCE [*engl. für: Balance zwischen Arbeit und Privatleben*] Entweder es gibt keine Arbeit oder gleich viel zu viel davon. Gerade ein Karrierejob fordert oft ganzen Einsatz und lässt kaum Zeit für ein Privatleben. Eine Zeitlang geht das vielleicht gut, doch bei Dauerüberlastung drohen Burn-out und Vereinsamung. Gar keine Aufgabe zu haben führt auf der anderen Seite häufig zum ↑BORE-OUT. Auch wenn ihre Umsetzung nicht so einfach ist, sind sich im Prinzip doch alle einig: Eine ausgeglichene Work-

Life-Balance ist die Basis für ein aus-gefülltes Leben. Wer also im Job zu sehr **VIERUNDZWANZIGSIEBEN** ist, sollte mal über ein bisschen ↑**DOWNSHIFTING** nachdenken, da-mit er seine Work-Life-Balance wieder ins Gleichgewicht bringt.

WORKLOAD [*engl. für: Arbeitsbelas-tung, Arbeitspensum*] Ist die Arbeits-belastung auf Dauer zu hoch, sollte man ↑**DOWNSHIFTEN,** ist sie zu niedrig, droht der ↑**BORE-OUT.** Der Workload wird zur bestimmenden Maß-einheit. Nur wer nicht mit Arbeit überla-den ist, kann mit Freunden die Mittags-pausen verbummeln und pünktlich Feierabend machen. Hat sich dagegen viel auf dem Schreibtisch angestaut, zwingt der Workload zu Überstunden und Wochenendarbeit. Ein ↑**UNDER-PERFORMER** würde sich davon aber vielleicht auch nicht stressen lassen.

XINGEN [*zu XING*] Xingen (sprich: kzingen) bedeutet, in der Business-community aktiv zu sein. In Englisch steht das X übrigens für »crossing«, also sich kreuzende Wege. Man verbin-det sich, knüpft ↑**WEAK TIES** und schafft Knotenpunkte wie an einer Kreuzung. Verxingen bedeutet **NETZ-WERKEN,** den Geschäftspartner und Businesskontakte zu ↑**ADDEN.** XING ist die seriöse und beruflich relevante Variante unter den ↑**SOCIAL NET-WORKS** und beliebter als andere Plattformen wie z. B LinkedIn.

X-MASTER [*zu engl. master = Lehr-meister*] Bei einem X-Master handelt es sich nicht etwa um eine Actionfigur oder einen Cyberhelden, sondern um den Mathelehrer. Wie jeder weiß, spielt das X in der Mathematik eine tragende Rolle, entweder als Multiplikationszei-chen oder beim Rechnen mit Unbe-kannten in der Algebra ($x + 5 = 10$).

YETTIE [*Abkürzung für engl. young, entrepreneurial, tech-based twenty-something = junger, unternehmerischer, technikaffiner Mittzwanziger*] Der Yet-tie ist ein neuer Typus, den die New Economy hervorgebracht hat: Er ist ein Vertreter der jungen, unternehme-risch und technisch orientierten »In-terneteliten«, beruflich erfolgreich, meistens Single und kinderlos. Ex-kanzler Gerhard Schröder würde die Yetties vielleicht als die Generation der Modernisierungsgewinner bezeichnen. Yetties sind auch bekannt als Nerds, Mousejockeys oder, da sie als die Nachfolger der Yuppies gelten, als **NEOYUPPIES.**

Recall als Challenge. Castingopfe
Spoiler sind Showstopper und defir
wird zur Mitmachkultur. Von interta
gardening gibt es viele kreative Aus
geratet werden können. Ob Rudelg
Gemeinschaft wird zum unterha

Medialife

nd Cewebritys werden zu B-Promis.
v nicht most-wanted. Die Popkultur
enden Mash-ups bis zum Guerilla-
rucksformen, die vom Publikum
ken, Flashmobbing oder Youtuben –
enden Erlebnis.

AD-BUSTING [*Zusammensetzung aus engl. advertisement = Werbung und engl. to bust = zerstören*] Das schönste Kunstwerk, das je in der Unterwelt der Münchner U-Bahn zu bewundern war, zeigte ein paar rosa Schmetterlinge, die aus dem Frühlingsklamotten-Werbeplakat befreit bzw. sauber herausgerissen wurden, um künftig über eine grüne Wiese zu flattern, die zwei Plakatwände weiter eine Fotoausstellung anpries. Diese Unterform der ↑STREETART, bei der Anzeigenplakate effektvoll verfremdet, überklebt und umgestaltet werden, bezeichnet man als Ad-Busting oder **SUBVERTISING.** Die Künstler wollen mit ihren Aktionen auf Missstände hinweisen, Kritik an der Konsumgesellschaft üben oder auf den Klimawandel aufmerksam machen, indem sie die Aussage der Werbung verdrehen oder ironisieren. Manchmal wollen sie aber auch einfach nur das Leben in der Großstadt ein bisschen schöner machen.

ARTWORK [*engl. für: Kunstwerk*] Immer weniger Menschen kaufen CDs. Eine Möglichkeit, dem entgegenzuwirken, ist die Aufwertung des beiliegenden Booklets oder der Verpackung durch eine aufwendige Gestaltung, sodass daraus ein auffälliges, einzigartiges Gesamtkunstwerk wird. Artwork heißt wörtlich übersetzt »künstlerische Arbeit« und stammt aus dem Bereich Werbung und Marketing. In der Softwareentwicklung umfasst der Begriff gestaltete Elemente wie Schaltflächen, Icons und Grafiken.

BACKFLICK [*Zusammensetzung aus engl. back = rückwärts und engl. ugs. flick = Film*] Backflicks sind momentan Trend in der Twittergemeinde. Hierbei werden Ereignisse nicht etwa der Reihe nach, sondern nonlinear ↑GETWITTERT. Die Idee, den Erzählstrang einfach umzukehren, kennt man aus Spielfilmen, die in Rückblicken die Handlung erzählen. Der Twitterer schreibt dann beispielsweise: »Zu spät auf Arbeit gekommen, Taxi genommen, U-Bahn verpasst, zum Coffeeshop gesprintet, kein Kaffee im Hause, aufgewacht«, und setzt zur Kennzeichnung der umgekehrt chronologischen Erzählweise noch ein ↑HASHTAG »#backflick« dahinter.

BLOGORRHOE [*Zusammensetzung aus Blog und Diarrhö*] Leider sind nicht alle Onlinetexte intellektuelle Glanzleistungen. Da jeder sich in seinem Blog medial äußern kann, lässt der inhaltliche Mehrwert bei einem Großteil der Veröffentlichungen zu wünschen übrig. Wer darin, derb ausgedrückt, nur

»Scheiße redet«, dem wird der Durchfall mit der umgangssprachlichen Blogorrhoe wortwörtlich in den Mund gelegt. Der medizinische Begriff Diarrhö lässt sich auf jede Form der Äußerung übertragen: Logorrhoe meint den Sprechdurchfall, und Twitterrhoe tritt seit dem Hype ums ↑TWITTERN auf. Für alle diese Formen von verbalisierter Sinnlosigkeit hätte man gern eine automatische Löschfunktion und beweint heimlich die vergeudete Zeit, die man mit dem Lesen verbracht hat, und die Anhäufung von Datenmüll im Internet.

B-PROMI Prominenz ist nicht gleich Prominenz. Heute werden Stars und Sternchen nach Berühmtheitsgrad und Wichtigkeit in A- oder B-Prominenz klassifiziert. Ein A-Promi ist dabei eine wirkliche Größe im Showbiz, die jeder kennt. Weniger prominente Starlets, Newcomer oder gealterte Helden müssen sich mit dem zweiten Rang und dem Titel eines B-Promis begnügen. Inzwischen reicht diese Zweiteilung aber längst nicht mehr aus. Schließlich müssen auch die Eintagsfliegen, Partygirls, ↑CASTINGOPFER, Daily-Soap-Darsteller und ↑CEWEBRITYS erfasst werden. Und was ist mit denen, die gar nichts selbst geleistet haben, nur hin und wieder mit einem Star auf dem roten Teppich gesichtet wurden

und nun hoffen, dass ein wenig des Glanzes auf sie abfärben möge? Diese halb vergessenen Möchtegernpromis lechzen regelrecht danach, Interviews zu geben oder sich zu irgendeiner Nichtigkeit medial äußern zu dürfen. Diese verglühten Sternchen, die nicht selten dem ↑UNTERSCHICHTENFERNSEHEN entlaufen sind, teilt man in C- und D-Promis ein.

BRANGELINA [*Zusammensetzung aus Brad und Angelina*] Das Leben von Prominenten zu beobachten liefert wunderbar viel Stoff für Klatsch und Tratsch, neudeutsch ↑GOSSIP. Promipärchen verdoppeln den Klatschfaktor. Und wenn sie immer im Doppelpack auftreten, werden sie von der Klatschpresse gerne sprachökonomisch zu einer untrennbaren Einheit verschmolzen. So werden beispielsweise Tom Cruise und Katie Holmes zu **TOMCAT** oder Brad Pitt und Angelina Jolie zu Brangelina. Da sie kaum noch als Einzelpersonen präsent und physisch scheinbar unzertrennlich sind, spiegeln die ineinander verwobenen Vornamen perfekt das Paarverhalten und die Lebensart dieser Celebritys. ↑Abbildung S. 170

CASTINGOPFER Das eigentlich Interessante an Castingshows wie

Promipärchen verschmelzen zu untrennbaren Einheiten – auch wörtlich. Im Doppelpack sorgen sie für doppelten Gossipfaktor. Hier: Brangelina.

»Deutschland sucht den Superstar« oder »Germany's Next Topmodel« sind nicht unbedingt die talentierten Finalisten, sondern die anscheinend fehlgeleiteten Paradiesvögel, die glauben, sie hätten ein begnadetes Talent zum Singen, Tanzen oder Modeln. Tatsächlich glänzen sie durch peinliche Auftritte und fallen aus der Rolle. Gerade die schrägen Kandidaten, für die man sich nicht selten ↑FREMDSCHÄMT, tragen zum Erfolg der entsprechenden Sendungen bei. Sie leben eine Zeit lang im Rampenlicht und versuchen, als Gast in Formaten wie z. B. »Das perfekte Promi-Dinner« oder »Ich bin ein Star – holt mich hier raus!« zusammen mit anderen ↑B-PROMIS das Ende ihres kurzfristigen Castingruhms so lange wie möglich hinauszuzögern.

CEWEBRITY [*Zusammensetzung aus engl. ugs. web = Internet und engl. celebrity = Prominenter*] Um berühmt zu werden, muss man nicht besonders gut singen oder schauspielern können, manchmal reicht es, ein selbst gedrehtes Filmchen auf der Internetplattform youtube.com hochzuladen. Wenn andere User dieses Video besonders sehenswert finden und an Freunde oder Kollegen weiterschicken, dann kann man schnell zu zweifelhafter Berühmtheit gelangen. Wie der siebenjährige David, der nach einem Besuch beim Zahnarzt noch etwas neben sich steht und von seinem Vater dabei gefilmt wird, wie er seinen ersten, durch die Betäubungsmittel ausgelösten Drogenrausch erlebt. Das Video wurde im Sommer 2008 innerhalb kürzester Zeit zum absoluten Hit. Es wurde mehr als 20 Millionen Mal angeklickt und David wurde (unfreiwillig) zum Cewebrity.

CHALLENGE [*engl. für Herausforderung*] Eine Challenge bezeichnet in Realityfernsehformaten kleine Wettkämpfe zwischen den Showkandidaten, an deren Ende meist eine Belohnung oder ein kleiner Gewinn steht. Inzwischen werden auch die kleinen Herausforderungen im Alltagsleben normaler Menschen als Challenge bezeichnet. Die Herausforderung besteht dann z. B. darin, trocken durch den Regen nach Hause zu kommen, beim Eisessen das weiße Shirt nicht zu bekleckern oder den süßen Typ in der Disco auf einen Drink einzuladen. ↑Abbildung S. 172

CHANNELHOPPER [*von engl. channel = Kanal und engl. to hop = springen, hüpfen*] Wer seine Abende zappend vor dem Fernseher verbringt, kennt von Info- bis ↑HISTOTAINMENT jedes Format und sogar alle ↑CASTING-OPFER mit Namen. Channelhopper schalten sich wahllos durch die verschiedenen Programme, bleiben über sämtliche Realityformate auf dem Laufenden und landen früher oder später beim einlullenden Dauergelaber eines Verkaufssenders. So können sie nebenbei noch ein paar Einkäufe per ↑ARMCHAIRSHOPPING erledigen.

CHICKFLICK [*engl. ugs. für: Frauenfilm*] Romantische Komödien, Liebesfilme oder herzzerreißende Romanverfilmungen, deren absehbare, seichte Handlung um eine zentrale Liebesgeschichte herumgestrickt ist und in einem Happy End gipfelt, werden abwertend Chickflicks genannt. Denn diesen Filmen wird nachgesagt, dass sie besonders von Frauen gemocht werden. Tatsächlich sieht man im Kinosaal bei entsprechenden Vorstellungen nur wenige Männer sitzen, meist in Begleitung einer Frau. Dabei handelt es sich entweder um die Freundin, die sich erfolgreich gegen den Actionfilm oder Psychothriller durchsetzen konnte, oder die Angebetete, für die man(n) sich durch die Wahl des Films als tolerant und einfühlsam präsentieren will.

Das Leben ist voller Challenges und Quests. Nur die Skiller erreichen das Finale. Wer noch vor dem Recall scheitert, wird zum Castingopfer.

COSPLAY [*Abkürzung für engl. costume play = Kostümspiel*] Wer schon einmal auf der Frankfurter Buchmesse in der Mangaabteilung stand, dem sind mit Sicherheit auch einige Figuren der dort ausgestellten Comichefte leibhaftig erschienen. Cosplay ist der Verkleidungstrend, der zum wahren Fan-Sein unter Anime-, Manga- und Computerspieleanhängern dazugehört (↑OTAKU). So verwundert es nicht, dass ausgerechnet auf der Frankfurter Buchmesse seit 2007 jährlich das Finale der Deutschen Cosplaymeisterschaft (kurz: DCM)

ausgetragen wird. Dabei wird die beste Kostümierung im Stile des virtuellen oder fiktiven Charakters gekürt. Die DCM sowie deren regionale Vorausscheide sind auch bei Nichtfans sehr beliebt, da die Veranstaltungen aufgrund der verrückten Kostüme und Performances einen hohen Unterhaltungswert haben. ↑ Abbildung S. 175.

CREATIVE COMMONS [*engl. für: schöpferisches Gemeingut*] Der US-amerikanische Verfassungsrechtler Lawrence Lessig gilt als vehementer Verfechter einer freien Kultur, basierend auf Teilhabe und Offenheit. Als Alternative zum restriktiven Copyright auf immaterielle Güter wie Videos, Bilder, Texte oder Musik gründete er 2001 die Non-Profit-Organisation Creative Commons, die online vorgefertigte Lizenzverträge und somit einen alternativen Rahmen für die Veröffentlichung und Verbreitung digitaler Medieninhalte anbietet: Unter dem Lizenzkürzel CC veröffentlichte Inhalte dürfen unter der Bedingung, den Namen des Urhebers zu nennen, zitiert, verbreitet oder weiterverarbeitet werden (z. B. zu ↑MASH-UPS).

DEMOSZENE Wer hier an Protestbewegung, Menschenketten oder Mahnwachen denkt, liegt daneben: Bei den Angehörigen der Demoszene handelt es sich um virtuose Programmierer, die ihre Fähigkeiten anhand sogenannter Demos unter Beweis stellen. Demos sind hier digitale Kunstwerke, meist in Form musikalisch unterlegter Animationen. Der Reiz liegt dabei in der freiwilligen Selbstbeschränkung auf eine maximale Programmgröße von winzigen 64 Kilobyte – eine Reminiszenz an die Größe des Arbeitsspeichers des legendären Commodore 64 und die goldene Homecomputer-Ära der 1980er, während der die Demoszene entstand.

DOKFILM Die Kinocharts werden in der Regel von Blockbustern mit fiktionalem Inhalt dominiert. Dokumentarfilme (oder eben kurz: Dokfilme) galten dagegen lange als Kassengift und fanden meist nur bei einem kleinen Special-Interest-Publikum Beachtung. Revolutioniert hat das Genre Michael Moore, der mit gesellschaftskritischen Dokfilmen wie »Bowling for Columbine« oder »Fahrenheit 9/11« Kritiker und Publikum gleichermaßen beeindruckte.

EARBUD [*engl. für: Ohrstöpsel*] Seit der Walkman in den 1980ern seinen Siegeszug angetreten hat, wird Jugendlichen immer wieder prophezeit, dass sie wegen zu lauten Musikgenusses schon bald ihre Kopfhörer gegen Hörgeräte eintauschen müssten. Im Gegensatz zu den mobilen Abspielgeräten hat sich an der Argumentation bis heute wenig geändert. Außer, dass der Stein des Anstoßes mittlerweile nicht mehr nur klobige Kopfhörer sind, sondern Earbuds, kleine Stöpsel, die direkt im Ohr getragen werden und möglichst weiß sein müssen. Kleiner Trost: Falls die Kritiker am Ende tatsächlich recht behalten, sollte später ein Hörgerät zumindest vom Tragegefühl her keine allzu große Umstellung bedeuten.

EMOTAINMENT [*Zusammensetzung aus Emotion und engl. entertainment = Unterhaltung*] Wenn sich das ↑CAS-TINGOPFER heulend auf die Knie wirft, weil es nicht im ↑RECALL ist, wenn sich die sogenannte Tauschmama mit dem Oberhaupt ihrer Tauschfamilie anlegt, wenn die Supernanny versucht, schwer erziehbaren Kindern – und Eltern – zu helfen, dann bekommen wir im ↑UNTERSCHICHTENFERNSE-HEN die ganze Palette menschlicher Emotionen präsentiert. Quote macht, was den Gefühlsapparat anspricht und auf die Tränendrüse drückt. Gerade diese realistischen, theatralischen Gefühlsausbrüche von Menschen wie du und ich gelten als besonders unterhaltend und binden den Zuschauer an das Realityfernsehen.

EPIC [*engl. für: episch*] Wenn etwas in seiner Gesamtwirkung ungeahnte Größe erzielt und einfach herausragend und überwältigend ist, wie z. B. der neue Star-Trek-Film, dann ist es epic. Epic als Einwortkommentar eingeworfen muss nicht automatisch an eine positive Haltung geknüpft sein. Vielfach ist es einfach eine neutrale Feststellung von bombastischer Gigantik. Ist etwas allerdings ein »epic fail«, dann ist der letzte Schund.

E-ZINE [*engl. Abkürzung für: electronical magazine = elektronisches Magazin*] Bei einem E-Zine handelt es sich um ein Magazin, das ausschließlich im Netz erscheint und daher auch **WEB-ZINE** oder **ONLINEMAG** genannt wird. Diese reine Internetzeitschrift ist von den Webauftritten der Zeitungen zu unterscheiden. Denn ein E-Zine hat keine Printausgabe als haptische Entsprechung und ist oft ein Special-Interest-Magazin, das sich auf ein bestimmtes, klar eingrenzbares Thema konzentriert. Da jedoch eine professionelle Fachredaktion dahintersteckt, unterscheidet es sich in Qualität und Aufmachung vom Fanzine, das von Laien gemacht und betreut wird.

FANMEILE Im Zuge der Fußball-WM 2006 in Deutschland wurden in vielen deutschen Städten sogenannte Fanmeilen eingerichtet. Auf der Fanmeile versammelten sich zu den Spielen Tausende von Fans zum ↑RUDELGU-CKEN auf Großbildleinwänden. Diese Fanmeilen mit ihrer friedlichen, volksfestähnlichen Stimmung waren das Zentrum des neuen deutschen Partyotismus und Ort für ausgelassene Feste. Ganz nach dem WM-Motto »Die Welt zu Gast bei Freunden« begegneten sich Fans aus aller Welt dort mit einer besonderen Herzlichkeit und Freund-

Die Anime- und Mangakultur findet immer mehr Anhänger. Im Cosplay verkleiden sich Fans (Otakus) im Stile ihrer liebsten Charaktere.

lichkeit, die in der ganzen Welt mindestens ebenso positive Beachtung fanden wie die Fußballspiele selbst. Es wurde gemeinsam gefeiert, gesungen und getanzt. Und manchmal fand ein weit angereister Gast auch noch eine spontane Übernachtungsmöglichkeit bei einem gastfreundlichen Deutschen (vgl. ↑COUCHSURFING).

FEATURETTE [*engl. für: kurzes Making-of*] Spielfilme dauern in der Regel ungefähr 90, Kurzfilme unter 20 Minuten. Dazwischen liegt die aus der US-Filmindustrie kommende Featurette, die gewöhnlich zwischen 20 und 40 Minuten lang ist. Bei DVDs wird außerdem Bonusmaterial in Form von Schauspielerinterviews oder kleinen Making-of-Dokumentationen als Featurette bezeichnet, wobei in diesem Fall die Länge keine Rolle spielt.

FEED [*engl. für: Futter, Einspeisung*] Wer es leid ist, ständig seine bevorzugten Blogs und Magazine auf der Suche nach neuen Beiträgen ↑ABZU-SURFEN, kann alternativ auch einfach warten, bis sich die Webseite von selber mit einem Update meldet. Dazu muss man lediglich ihren Feed abonnieren, eine Art Nachrichtendienst, der die aktuellsten Beiträge auflistet. Im Browser kann man sich anschließend bequem eine gebündelte Liste sämtlicher Feeds anzeigen lassen und interessante Neuigkeiten direkt lesen.

FLASHMOB [*zu engl. flash = Blitz und engl. ugs. mob = Bande, Menge*] Stell dir vor, du stehst nichts ahnend am Rathausplatz und wartest auf den Bus. Plötzlich kommen 30 Leute aus verschiedenen Richtungen, alle in Weiß gekleidet, lesen laut aus Büchern vor und wedeln dabei mit Regenschirmen. Wahrscheinlich eine Kunstperformance, sicherlich aber ein Flashmob. Ein Flashmob ist ein kurzer, spontaner, themenbezogener Menschenauflauf auf öffentlichen Plätzen. Die Mobs können einen politischen Hintergrund haben (Spontandemos) oder auch eine künstlerische Performance sein. Flashmobs werden über Blogs, E-Mails oder SMS organisiert. Das Wort entstand in Anlehnung an den Begriff Smart Mob, der vom amerikanischen Psychologen Howard Rheingold im Jahr 2003 geprägt wurde und das Phänomen der ↑SCHWARMINTELLIGENZ beschreibt.

FREMDSCHÄMEN Das Privatfernsehen schenkt uns mehr und mehr Castingshows und Realityformate, in denen unscheinbare Menschen ganz groß rauskommen. Allerdings nicht im-

Theater auf der Straße. Spontane Performances werden über Handy oder Internet organisiert, Passanten werden unfreiwillig zum Publikum.

mer nur durch positive Leistung. Singt jemand den Juroren beispielsweise sehr selbstsicher und laut, aber leider auch sehr falsch ein Liedchen vor oder glänzt vor dem Talkmaster mit unintelligenter Naivität, kann das beim Zuschauer das Phänomen des Fremdschämens auslösen. Allein die Betrachtung der sich blamierenden Person weckt beim Betrachter das Schamgefühl.

FULLSCREEN [*engl. für: Vollbild*] Menüleisten auf dem Computerbildschirm können mitunter als stö-

rend empfunden werden. Deshalb bieten viele Programme die Möglichkeit, auf Fullscreen umzuschalten. Speziell für das Betrachten von Videos, Diashows, Präsentationen oder beim Spielen eignet sich dieser Vollbildmodus: Die gesamte Bildschirmfläche wird genutzt, und Bearbeitungs- und Programmfunktionen werden nur beim Bewegen des Mauszeigers eingeblendet, damit nichts mehr ablenkt.

GOSSIP [*engl. für: Klatsch*] Hat sie nun ein Verhältnis mit ihm oder nicht? Hast du die Schuhe gesehen, die sie auf dem Foto in der »Gala« trägt? Und was macht überhaupt ↑**BRANGE-LINA?** Die meisten Frauen lieben Gossip, den neusten Klatsch und Tratsch aus der Promiwelt. Verbreitet durch zahlreiche Zeitschriften, dienen die Halbwahrheiten über die Stars und Sternchen oft als Vorlage zum Small Talk. Denn wenn der ↑**MAKE-UP-ARTIST,** das Kindermädchen oder der ehemalige Manager zu plaudern beginnen, dann wird es erst richtig interessant. Ob beim Friseur oder beim Kaffeekränzen, bei diesen Themen kann jeder mitspekulieren, mitfiebern, mitreden.

GUERILLAGARDENING [*Zusammensetzung aus engl. ugs. guerilla = Kleinkrieg und engl. gardening = Gärtnern*] Guerillagardening ist ein subtiles Mittel politischen Protests und eine Form von ↑**STREETART,** die ihren Ursprung in London hat und schnell in den urbanen Metropolen dieser Welt Nachahmer fand. Anfang der 2000er-Jahre trafen sich dem Gärtnern zugeneigte Aktivisten des Nachts, mit Spaten, Erde und Pflanzen bewaffnet, um verwahrloste Verkehrsinseln und andere öffentliche Grünanlagen heimlich zu bepflanzen und das triste Grau der Großstadt zu begrünen. Ganz unauffällig können auch tagsüber kleine Saatbomben beim Vorbeiradeln abgeworfen oder beim Spaziergang fallen gelassen werden. Wenn auch bisher noch nicht streng geahndet, ist das Bepflanzen von öffentlichen Plätzen genau wie das Zerstören von Stadteigentum illegal und strafbar. Ursprünglich sollten diese bunten Aktionen die Stadtoberen auf die Verwahrlosung der City aufmerksam machen und das Leben in einer zugebauten Metropole durch ein bisschen Grün verschönern. Durch die Anordnung und Auswahl der Pflanzen, z. B. durch das Anpflanzen von Reis und Getreide in Stadtparks, das Formen eines Peace-Zeichens aus Blumen oder die Bepflanzung von Golfplätzen üben radikalere Guerillagärtner auch Kritik an Gentechnik in der Landwirtschaft oder dem fehlenden Umweltbewusstsein unserer Gesellschaft. Inzwischen ist diese Form des Wildgärtnerns zu einem Trend geworden und mit Sicherheit die blühendste Möglichkeit zum politischen Protest. Nur das **GUERILLAKNITTING,** das Einstricken öffentlicher Gegenstände wie z. B. Fahrradständer, Laternen und Bäume, kann dieser Stadtverschönerung den Rang der kreativsten Streetart streitig machen.

HALL OF FAME [*engl. für: Ruhmeshalle*] Ehre, wem Ehre gebührt: Für

Sportler, Schauspieler und Musiker war es schon immer der Ritterschlag, in die Ruhmeshalle ihres jeweiligen Betätigungsfeldes aufgenommen zu werden. Nur weil große Gruppen heranwachsender ↑SCREENAGER ihre Höchstleistungen in virtuellen Welten vollbringen, bedeutet das nicht, dass sie auf diese Form der Anerkennung verzichten müssen. So gibt es Halls of Fame virtuell längst auch für Onlinecomputerspiele. Die dort aufgelisteten ↑SKILLER können sich mit ihrer Highscore weltweiter Bewunderung in der Szene sicher sein.

HAPPY SLAPPING [*Zusammensetzung aus engl. happy = fröhlich und to slap = schlagen, ohrfeigen*] Das Phänomen, das über YouTube bekannt wurde und auch in den Medien für Aufregung sorgte, ist alles andere als fröhlich und harmlos. Beim Happy Slapping handelt es sich um das zweifelhafte Freizeitvergnügen Jugendlicher, fremde Passanten, unbeteiligte Mitschüler oder ahnungslose Lehrer zu schlagen und diese Aktion mit Handy oder Videokamera mitzufilmen, um die Videos später zu ↑YOUTUBEN oder anderen Klassenkameraden zu ↑MIMSEN. Wie verbreitet Happy Slapping tatsächlich unter Jugendlichen ist oder ob Einzelfälle durch die Medien zu einem Massenphänomen aufgebauscht wurden, bleibt ungeklärt.

HENTAI [*jap. für: Transformation, Abweichung*] Als der japanische Comicboom gegen Ende der 1990er-Jahre plötzlich nach Europa schwappte, hörte man hierzulande die erstaunliche Meldung, dass die Mangaindustrie Japans mehr Papier verarbeite als die dortigen Toilettenpapierfabriken. Diese Entdeckung mag der damaligen Sensationslust entsprungen sein – unumstritten ist die rasante Verbreitung der Mangalektüre in beinahe allen gesellschaftlichen Schichten der japanischen Kultur. Da überrascht es auch nicht, dass sich auch eine pornografische Variante von Mangacomics und Animeserien entwickelt hat: die Hentai. Verlage und Filmproduzenten scheuen sich dabei nicht, sämtliche Spielarten zu bedienen.

HISTOTAINMENT [*Zusammenziehung aus engl. history = Geschichte und engl. entertainment = Unterhaltung*] Geschichte muss nicht immer dröge sein. Im Infotainment oder Edutainment wird Wissen spielerisch vermittelt. Das gleiche gilt für das Histotainment. Hier werden geschichtliche Themen unterhaltsam aufbereitet und vermittelt. Histotainment erfreut sich in Fernsehformaten wie z. B. der ZDF-

Serie »Die Deutschen« wachsender Beliebtheit und ist auch in Romanen, Filmen und Computerspielen weit verbreitet. Selbst im Geschichtsunterricht wird immer häufiger auf die Integration unterhaltender Elemente bei der Wissensvermittlung gesetzt, z. B. mit Computerspielen oder ↑RAPUCATION. Allerdings wird das Histotainment wegen angeblich irreführender Vereinfachung historischer Zusammenhänge von Experten zum Teil heftig kritisiert.

HOCHJAZZEN In journalistischen Jamsessions wird ein Thema von einem Solisten so lange weitergetrieben, bis andere es aufgreifen und sich ein endloses, emotional aufgeladenes Medienkonzert entwickelt. Wie früher höchstens im Sommerloch werden im Informationszeitalter ganzjährig unbedeutende Meldungen zu Ereignissen hochgejazzt. Inzwischen steht der Begriff allgemein für »etwas aufbauschen, unnötig Wirbel um etwas machen, emotionalisieren«. So kann ein einzelnes Sportereignis hochgejazzt werden oder ein gesamtes Medienphänomen wie **TWITTER.** Firmen versuchen es mit ihren Marken und Politiker mit ihren Themen. Auch Notebooks lassen sich hochjazzen oder, mit geschickter Verlinkung, der ↑PAGE-RANK; hier steht der Ausdruck dann synonym für »upgraden, aufrüsten, ↑PIMPEN«.

INTERNET-MEM Im Gegensatz zur (biologischen) Genetik ist die Memetik eine Theorie der kulturellen Evolution. Meme sind Gedankeneinheiten (Idee, Einfälle, Informationen), die durch Kommunikation weitergetragen werden und sich dadurch vervielfältigen. Andere Personen nehmen einen Einfall auf, denken die Idee weiter und verbreiten sie ihrerseits. Veranschaulichen lässt sich das weniger theoretisch anhand von folgendem Beispiel: Person X schnappt im Firmenflur auf, dass Sekretärin A zu Buchhalterin B sagt, sie könne derzeit keinen Alkohol trinken. Das erzählt X seinem Bürokollegen C, kombiniert mit der Hypothese, dass A vielleicht schwanger ist. C erzählt dann beim Mittagessen einem Angestellten aus der Personalabteilung, dass A in anderen Umständen ist. Und schon ist per Flurfunk das Gerücht in Umlauf gebracht. Im Internet verbreiten sich Meme über digitale Kommunikationswege besonders rasant. Das umfasst dann nicht nur Informationen, sondern auch Trends, die von anderen aufgegriffen werden, wie z. B. die Erzählstrategie ↑BACKFLICK beim ↑TWITTERN.

INTERNETVERWEIGERER Anders als der ↑E-DIOT, der ↑NOOB oder der ↑OFFLINER will der Internetverweigerer bzw. **NONLINER** gar nicht erst hinter das Geheimnis des World Wide Web steigen. Ihm mangelt es nicht unbedingt an Fähigkeiten, doch lehnt er alles, was mit Internet zu tun hat, aus Prinzip ab. Vielleicht hat er Angst vor Datendiebstahl, vielleicht ist ihm seine Zeit zu wertvoll, um sie in ↑SOCIAL NETWORKS zu vertrödeln. Leider entgeht ihm dadurch der Spaß des **NETZWERKENS** und ↑CYBER-STALKENS. Und auch beim Flirten hat er schlechtere Karten, denn heutzutage fragt man die neue Bekanntschaft oft nicht nach der Telefonnummer, sondern nach dem Facebook-, StudiVZ- oder MySpace-Account.

INTERTAINMENT [*Zusammenziehung aus Internet und engl. entertainment = Unterhaltung*] Das Internet hatte schon immer Unterhaltungswert. Diese Funktion steigert sich durch das täglich wachsende Angebot ins Unermessliche. Man kann sich Lustiges und Schockierendes auf Videoplattformen ansehen, personalisiertes Radio hören, digitales Fernsehen empfangen und über Communityplattformen, Chats oder Internettelefonie mit Freunden in Kontakt bleiben. Durch diese Vielfalt wird der vernetzte Computer zum persönlichen Entertainer, der problemlos die Zeit vertreibt.

IPODISIERUNG In den 1980er-Jahren galt der Walkman von Sony als Sinnbild für eine urbane Lebensform und wurde innerhalb kurzer Zeit zum Synonym für tragbare Kassettenspieler. Zum Gattungsnamen für MP3-Player hat es der iPod zwar nicht gebracht, Szenekenner aber beobachten schon länger eine iPodisierung des Stadtbildes, das sich in weißen Ohrhörerkabeln manifestiert, die vom Besitzer demonstrativ über der Kleidung getragen werden. Doch nicht jeder weiße Ohrstöpsel endet zwangsläufig in einem Statusobjekt von Apple: Die Zubehörindustrie hat längst erkannt, dass sich weiße ↑EARBUDS besonders gut verkaufen lassen – speziell an Besitzer von MP3-Playern anderer Hersteller. ↑Abbildung S. 183

JESUSPHONE Apple wird von seinen Fans fast schon kultisch verehrt. Für den prototypischen Jünger ist Apple-Chef Steve Jobs eine gottähnliche Lichtgestalt, die Vorstellung eines neuen Produkts ähnelt einer heiligen Messe und Kritik am Unternehmen kommt Gotteslästerung gleich. Dementsprechend ist für die Apple-Gemeinde das iPhone auch weit mehr als nur ein Handy. Spötter sprechen daher gerne vom Jesusphone. Erlöst wird die Käuferschaft dieses Smartphones tatsächlich. Nämlich durch die ↑USABILITY. Statt der sonst üblichen Tastenkombinationen erfolgen alle Eingaben über einen Touchscreen.

LIVESTREAM [*Zusammensetzung aus engl. live = direkt, zeitgleich und engl. stream = Kanal*] Die Direktübertragung von Fernsehsendungen oder Sportevents im Internet ist ein Livestream. Dabei handelt es sich um eine live, also zeitgleich zum Ereignis, ausgestrahlte Sendung. So kann man praktischerweise auch während man am Computer arbeitet oder ganz multitaskinggerecht andere Dinge erledigt, in einem neuen Browserfenster die Wettkämpfe der Olympischen Spiele, die Bergetappen der Tour de France oder die Antrittsrede des neuen US-Präsidenten verfolgen.

LOLCAT [*Zusammensetzung aus engl. LOL = laughing out loud und engl. cat = Katze*] Das Internet hat schon eine Reihe seltsamer Phänomene hervorgebracht, die sich innerhalb kürzester Zeit schneeballartig ausgebreitet haben. In dieser Tradition stehen auch die sogenannten LOLCats. Dabei handelt es sich

um extrem niedliche oder absurde Katzenfotos, die mit einem Spruch versehen sein können, sodass der Eindruck entsteht, es handle sich um ein Statement des Tieres. Die dabei zum Einsatz kommende LOLCat-Sprache, von Insidern als »Kittypidgin« (engl. für: Kätzchenkauderwelsch) bezeichnet, ist eine grammatikalisch kuriose Mischung aus ↑NETZJARGON und Babysprache. Mittlerweile gibt es analog zu den LOLCats alle Arten von Internetgetier, von LOLDogs bis zu LOLBirds.

MÄDCHENMUSIK Sanfte und schnulzige Musik, die angeblich von Frauen bevorzugt und daher gerne beim ersten Date aufgelegt wird, ist derb auch als **MUSCHIMUCKE** bekannt und steht so abwertend für Musikrichtungen wie Softpop, Schmuserock oder Chartsmusik. Möchtegernrock mit seinen radiotauglichen Balladen und Mainstream-Popsongs plus E-Gitarre werden auch als **HAUSFRAUENROCK** bezeichnet, bei dem hinter tätowierter Haut der Anschein des harten Rock-'n'-Roll-Lebens erweckt werden soll.

MASH-UP [*engl. für: Vermanschung, Collage*] Mitte der 1990er begannen DJs unterschiedliche Songs zu Collagen zu remixen, indem sie z. B. die Ge-

Mit dem iPod wird der MP3-Player zum Lifestyleaccessoire, ein Must-have für den mobilen Musikgenuss.

sangsspur eines Titels über die Instrumentalspur eines anderen legten. Das Mash-up war geboren. Inzwischen fällt der Begriff aber vor allem als Schlagwort im Zusammenhang mit dem **↑WEB 2.0** und meint hier das Erstellen neuer Medieninhalte durch Neukombination bereits bestehender. Dabei kann es sich sowohl um einen Remix von Fotos, Musik oder Videos handeln als auch um deren Kombination mit Diensten, wie z. B. Google Maps.

MENSCHENKINO Menschenkino ist die reinste und authentischste Form von Realityfernsehen – und findet doch auf keiner Leinwand statt. Man kann es überall da empfangen, wo es Leute zu beobachten gibt: im Café sitzend, im Park liegend oder im Klub an der Tanzfläche stehend. Denn die Protagonisten sind die Mitmenschen, die sich durch Einkaufsstraßen schieben, im Bus per Handy Beziehungsprobleme wälzen, sich sportlich im Park präsentieren oder sich auf der Tanzfläche abzappeln. Tja, das Leben schreibt eben doch die besten Geschichten.

MENTALIST [*Zusammenziehung aus engl. mental = psychisch und engl. artist = Künstler*] Eine Castingshow mit

Uri Geller hat uns Deutschen den Unterschied zwischen Mentalisten und Zauberern nähergebracht. Während dem Zauberer ursprünglich magische Fähigkeiten zugesprochen werden, erreicht der Mentalist seine Illusion mit psychologischen Tricks wie Telepathie, Suggestion und gedanklicher Manipulation ebenso wie durch kontrollierte Verschleierung der Realität und unbemerkte Lenkung der sinnlichen Wahrnehmung.

MESSAGING-CRAWL [*zu engl. message = Nachricht und engl. to crawl = kriechen*] Sie sind ein Nerd, Geek, ↑**TEKKI** oder einfach anglophil veranlagt? Dann gefällt Ihnen vielleicht »Messaging-Crawl« als Bezeichnung für einen Text, wie er beispielsweise bei manchen Nachrichtensendern unten von der einen Seite ihres Fernsehbildes auf die andere wandert. Falls nicht, sagen Sie einfach weiterhin Laufschrift dazu.

MOST-WANTED [*engl. für: meist gesucht*] Vor Geburtstagen oder Weihnachten schreiben Kinder Wunschzettel und notieren darauf ihre Most-wanteds. Ob sie den ↑**STUFF** am Ende auch bekommen, steht allerdings auf einem anderen Blatt. Allgemein steht Most-wanted je nach Kontext für das am meisten Gesuchte, Erwartete, Gekaufte, Geklickte und Runtergeladene. Zudem hat sich der Begriff als Synonym für Hitparade eingebürgert und wird im angloamerikanischen Fernsehen als Namensteil diverser Casting- oder Musikformate verwendet.

MUSIKPIRATERIE Musikpiraterie bezeichnet den Negativtrend im Internet, dass über Filesharing-Dienste online Musik zwischen Usern getauscht und somit CDs und Alben illegal vervielfältigt werden. Dieses Phänomen hat der Musikindustrie in den letzten Jahren Millionenverluste eingebracht und zum Erlass von Gesetzen gegen Musikpiraterie geführt. Internetuser machen sich strafbar, wenn sie Musikdateien, die sich auf ihrem Rechner befinden, für andere zugänglich in ↑**PEER-TO-PEER-NETZWERKEN** anbieten. Wer erwischt wird, muss mit hohen Geldbußen und Gefängnisstrafen rechnen, denn Musikpiraterie verstößt gegen das Urheberrecht. Dennoch ist den Piraten in den unendlichen Weiten des Internets nur schwer beizukommen, weswegen gerade eine Modifikation des Urheberrechtes heiß diskutiert wird (↑**CREATIVE COMMONS**).

NEWSFLASH [*engl. für: Kurzmeldung*] Die Zeiten, in denen sich die ganze Familie zu den 20-Uhr-Nachrichten vor dem Fernseher versammelte, um sich über die Tagesgeschehnisse zu informieren, sind längst Vergangenheit. Per regelmäßig aktualisiertem Newsflash informieren Onlinemedien teilweise im Minutentakt – Radio und Fernsehen mindestens halbstündig – über das Weltgeschehen. Bei reinen Nachrichtensendern kann der Newsflash auch permanent am unteren Bildschirmrand als ↑MESSAGING-CRAWL durchlaufen.

OTAKU [*japan. für: Haus*] Wie hierzulande der Nerd oder Geek wird in Japan der Otaku belächelt. Dieser extreme Fan investiert enorm viel Zeit und Geld in sein Hobby. Bei Manga, Anime, Computerspiel oder Science-Fiction vergessen Otakus leicht die restliche Welt um sich herum. Manchmal verkleiden sie sich sogar im Stil ihrer Helden (↑COSPLAY). Wegen dieser fanatischen Fixierung, die Außenstehende selten nachvollziehen können und manchmal als krankhaft empfinden, gelten sie als kindisch und egozentrisch. Es wird ihnen geringe soziale Kompetenz nachgesagt. Daher ist die Bezeichnung Otaku bei der Spezies selbst nicht besonders beliebt.

PAGETURNER [*zu engl. to turn a page = eine Seite umblättern*] Spätestens mit dem Riesenerfolg von Harry Potter und dem nachfolgenden Boom der Fantasyliteratur sind die kulturpessimistischen Ängste, Kinder würden nicht mehr lesen, eindrucksvoll zerstreut worden. Die in der Regel vielen Hundert Seiten umfassenden Schmöker sind meist richtige Pageturner, also Bücher, die man nicht mehr aus der Hand legt und nach Möglichkeit in einem Rutsch durchliest.

PECHA KUCHA [*sprich: petscha-kutscha, jap. für: wirres Geplauder, Stimmengewirr*] 20 × 20: 20 Bilder in 20 Sekunden lautet die kurze Formel dieser aus Japan stammenden Form des Vortrags mit PowerPoint-Unterstützung. Mit der Spaßvariante des ↑POWERPOINT-KARAOKE hat Pecha Kucha nicht viel gemeinsam, außer dass es darum geht, das Publikum nicht zu langweilen. Erstmals 2003 von den Architekten Mark Dytham und Astrid Klein in Tokio verwendet, werden inzwischen weltweit Pecha-Kucha-Nights (PKN) mit meist etwa einem Dutzend Vorträgen organisiert, wobei die Inhalte zu den jeweiligen Bildern kurz und knackig auf den Punkt gebracht werden müssen – in exakt 20 Sekunden, denn so lange bleibt jedes der 20 Bilder stehen. Die Themen reichen dabei von Architektur, Design und Kunst über die Vorstellung sozialer Projekte bis zur reinen Eigen(be)werbung. Mittlerweile ist die Vortragstechnik auch in der Wirtschaft angekommen und dient dort als willkommenes Gegenmittel zum gefürchteten »Death by Powerpoint«–Syndrom.

POWERPOINT-KARAOKE ↑**BULLSHITTER** und andere Blender dürften besonderen Gefallen an diesem Spiel finden. Neben ↑**PECHA KUCHA** als kunstvolle und informative Vortragsvariante hat sich Powerpoint-Karaoke im Unterhaltungsprogramm der deutschen Kulturszene etabliert. Im Karaokestil halten die Teilnehmer vor Publikum eine unbekannte Präsentation, die zuvor aus der Vielzahl der im Internet erhältlichen frei zugänglichen Powerpoint-Dateien ausgewählt wurde. Die improvisierten Vorträge aus dem Nichts sind für die Vortragenden eine Möglichkeit, ihre rhetorischen Fähigkeiten spielerisch zu verbessern, für die Zuschauer sind sie meist ebenso unterhaltsam wie aufschlussreich.

RATEN [*zu engl. to rate someone/something = jmdn./etw. bewerten*] Ist man kein ↑**DIGITAL NATIVE,** können aus dem Internet ins Deutsche geschwappte Anglizismen mitunter für einige Verwirrung sorgen. So auch das Wort raten: Werden in ↑**SOCIAL NETWORKS, ONLINEMAGAZINEN,** Blogs, Foto- oder Videocommunitys die User zum Raten aufgefordert, verbirgt sich dahinter in der Regel nämlich nicht die Einladung zum gemeinsamen Rätselraten, sondern die Bitte, den Inhalt zu bewerten, mit Sternchen, Punkten, Noten oder einfach nur per: Daumen rauf oder Daumen runter. Ein positives **RATING** gibt Anerkennung in der Community.

RECALL [*engl. für: Rückruf*] Bekannt geworden durch Castingshows wie »Deutschland sucht den Superstar« und »Popstars« wurde der Recall populär. Der Recallzettel löst bei den Kandidaten regelrechte Euphorie aus, bedeutet er doch, dass sie eine Runde weiter sind. Das Wort hat sich mittlerweile verselbstständigt und kann synonym für das erfolgreiche Bestehen einer privaten oder beruflichen Situation genutzt werden. Wird aus dem ersten Date beispielsweise eine zweite Verabredung, so hat man es in den Recall geschafft. Die Steigerung findet sich dann im Re-Recall, und mit Glück schafft man es zu guter Letzt sogar bis ins Finale.

RECAP [*Abkürzung für engl. recapitulation = Zusammenfassung, Fazit*] Im Berufsleben ist ein Recap das Fazit einer Besprechung oder das Protokoll eines

Meetings. Bei einer Fernsehserie bezeichnet Recap den kurzen Rückblick auf eine vorangegangene Episode, wie er beispielsweise der nächsten Folge vorangestellt wird, damit der Zuschauer den Anschluss nicht verpasst. Analog dazu ist **PRECAP** die Vorschau auf die nächste Folge, wie sie nach dem Abspann gezeigt oder im laufenden Programm nach der Werbung platziert wird.

RENTNER-BRAVO Was für den Jugendlichen die Zeitschrift Bravo, ist für den Rentner das kostenlos in Apotheken erhältliche Informationsblatt »Apotheken Umschau«. Gelesen wird sie besonders von Senioren, die quasi Apotheken-Stammkunden sind. Weil sie inhaltlich vor allem Tipps über Gesundheit im Allgemeinen und Krankheiten im Alter gibt, liefert sie Gesprächsstoff für Nähkreise und Doppelkopf-Stammtische. Wer da mitreden will, kommt an der Renter-Bravo nicht vorbei.

RUDELGUCKEN Die Fußballweltmeisterschaft 2006 in Deutschland hat das Public Viewing populär und überall im Land beliebt gemacht. Ob in Kneipen, auf öffentlichen Plätzen oder auf der ↑**FANMEILE,** das gemeinschaftliche Ansehen der Übertragung von Sportereignissen in der Öffentlich-

keit zog die Rudelgucker magnetisch an. Was damals mit der ganzen Nation funktionierte, klappt auch mit Gleichgesinnten im kleineren Kreis bei weit weniger großen Medienereignissen: »Germany's Next Topmodel«, »Deutschland sucht den Superstar«, aber auch der sonntägliche »Tatort« oder Serien wie »Grey's Anatomy« und »Desperate Housewives« bieten einen Anlass, sich zum gemeinsamen Rudelgucken vor dem Fernsehen zusammenzurotten. Den Begriff Rudelgucken hat der WDR-Radiosender »1Live« populär gemacht, ausgelöst durch eine Diskussion um den englischen Begriff »public viewing«, der eigentlich nichts mit Fernsehenschauen zu tun hat, sondern die Aufbahrung von Toten im offenen Sarg meint. Als deutsche Alternative wählten die Hörer Rudelgucken zu ihrem Favoriten. Der Begriff setzte sich dabei gegen andere Vorschläge wie zum Beispiel Gruppenglotzen oder Tummel-TV durch.
↑ Abbildung S. 189

RUNTERVOTEN Der Erfolg von Internetinhalten wird in Klicks gemessen, sie entscheiden über Sieg und Niederlage von YouTube-Filmen genauso wie von Nachwuchsmusikern. Wenn hierbei Beiträge unabhängig vom Inhalt als »schlecht« bewertet werden, damit der Beitrag in der Wertungsrangliste nach unten rutscht, nennt man das runter-voten. Das machen zum Beispiel **HA-TER,** die sich einfach gerne aufregen, aber auch Fans konkurrierender Bands, um ihren Favoriten den Sieg beim Voting zu sichern.

SCHLAGZEILENINTELLIGENZ Gerade in Zeiten der Informationsüber-flutung ist es wichtig, Aufmerksamkeit zu erzeugen und Wissen kompakt zu vermitteln. Schlagzeilenintelligenz beschreibt die Kunst, in wenigen Worten Informationen zu verdichten. Da mit markigen Schlagzeilen jedoch zulasten der Informationstiefe über fehlende Details hinweggetäuscht werden kann, wird der Begriff häufig auch negativ verwendet. Positiv formuliert kann aber auch zugestanden werden, mittels Schlagzeilenintelligenz in Kürze das Wichtige eines Themas auf den Punkt zu bringen.

SCHLAND [*Abkürzung für: Deutschland*] Wer ganz oft, ganz laut und mit 50 000 anderen Leuten »Deutschland! Deutschland!« intoniert, hört irgendwann nur noch eines: »Schland«. So wurde diese akustische Abkürzung im Zuge der Fußball-WM 2006 geboren und ist seither ein beliebter Anfeuerungsruf bei internationalen Turnieren. Immer wenn die deutsche Natio-nalmannschaft erfolgreich ein Spiel bestritten hat, hört man seitdem die fanatischen Fußballanhänger, die **↑ULTRAS,** »Schland« grölend durch die Straßen ziehen.

SCRAPBOOKING [*Zusammensetzung aus engl. scrap = Stückchen, Fragment, Schnipsel und engl. book = Buch*] Im Zeitalter der digitalen Fotografie lässt kaum noch jemand richtige Fotos entwickeln. Meist wird nur eine Bildergalerie in diversen Onlinecommunitys wie Facebook, StudiVZ oder Flickr hochgeladen. Wer doch etwas in der Hand halten möchte, erstellt ebenfalls im Netz sogenannte Photobooks, indem er seine Fotos am Bildschirm auswählt, anordnet und kommentiert. Das fertige Buch wird dann gedruckt und direkt nach Hause geliefert. Scrapbooking ist der Gegentrend zur Digitalisierung von Fotoalben und der neue große Bastelhype. Hier werden die Fotos noch höchstselbst in eine Art Tagebuch (sogenannte **SCRAPBOOKS**) geklebt, mit Stickern, Glitzerstaub, Perlen, getrockneten Blüten und allerlei sonstigem Schnickschnack verschönert und individuell gestaltet. Der Fantasie sind keine Grenzen gesetzt. Diese kreativen Bücher erzählen dann tagebuchartig die Geschichten zu den Bildern und erinnern noch an die Urzeiten der analogen

Entertainment im Massenpuls. Ob auf der Fanmeile oder zu Hause im Wohnzimmer. Mit anderen zusammen wird das Fernsehevent zum Partyereignis.

Fotografie, wo selbst gestaltete Urlaubsalben überhaupt die einzig wahre Form der Fotodokumentation waren.

SHOWCOOKING [*von engl. to cook = kochen*] Eine neue Generation von Köchen will mit ihren Kochsendungen nicht mehr allein dozierend zum Nachkochen bewegen. Jamie Oliver, Tim Mälzer und Co. versetzen ihre Fernsehshows mit Entertainment, Witz und Persönlichkeit und erreichten damit Popstarstatus. Als logische Konsequenz gehen die Starköche nun auf Tour und füllen wie Pink oder Robbie Williams große Hallen, indem sie Kochkunst als massenkompatible Unterhaltungsshow zelebrieren.

SHOWSTOPPER [*engl. showstopper = Fehlplanung, die einen Funktionsfehler nach sich zieht*] Wie ↑**SHOWTIME** kommt dieser Begriff ursprünglich aus dem Theaterumfeld. Als Showstopper wurde seit den 30er-Jahren eine Situation während eines Bühnenauftritts bezeichnet, in der der Künstler so viel Applaus für eine Darbietung, einen Witz oder einen musikalischen Beitrag bekommt, dass die Show unterbrochen werden muss. Es handelte sich also um den Höhepunkt der Vorstellung, der das Publikum schier begeisterte. Inzwischen ist der Begriff in die Alltagssprache eingegangen, und die positive Bedeutung wurde dabei komplett ins Gegenteil gekehrt. Jetzt bezeichnet Showstopper nicht mehr das Highlight eines Partyabends, sondern legt den Schwerpunkt auf den Moment, wenn der bisher perfekte Ablauf ins Stocken gerät. Ein Showstopper ist also neudeutsch eine Spaßbremse, ein Ereignis, das den **FLOW** des Abends unversehens stört. Das kann die Nachbarin sein, die schon zum dritten Mal an die Tür donnert und wegen der Ruhestörung mit Polizei droht, der leere Bierkasten, der die Partymeute auf dem Trockenen sitzen lässt, oder die springende Platte beim DJ-Set, die für Tanzunterbrechung sorgt. Auch ein Computerabsturz während des ↑**LEVELNS** kann ein Showstopper sein. Allem Ärger zum Trotz bleibt die Devise: The show must go on.

SLIDESHOW [*engl. für: Diashow*] Diaabende sind ein Relikt des analogen Zeitalters. Auf das Publikum hatten solche Bildpräsentationen, z. B. die Familienfotos aus dem letzten Alpenurlaub, des Öfteren die gleiche Wirkung wie die Einnahme einer Valiumtablette. So gesehen, betrachten es vielleicht einige als Treppenwitz der Geschichte, dass ausgerechnet diese Präsentationsform unter dem Namen Slideshow ihren digitalen Widerpart auf dem heimischen Rechner, im Internet oder im Rahmen einer Powerpoint-Präsentation gefunden hat. Doch im Prinzip gilt damals wie heute: Eine Vorführung ist immer nur so interessant, wie derjenige, der sie präsentiert.

SPOILER [*engl. für: Spielverderber*] Stell dir vor, du schaust die Tatortwiederholung und dein Mitbewohner stürmt in dein Zimmer, sieht das Fernsehbild und sagt im Rausgehen mal so nebenbei, dass der Busfahrer voll **PSYCHO** ist und einfach die Frauen umgebracht hat. Danke für den Spoiler. Solche ↑**SHOWSTOPPER** verderben einem den Spaß, indem sie die Spannung auflösen und ungefragt den Ausgang vorwegnehmen. Spoiler zu laufenden Fernsehserien werden zum Großteil über das Internet verbreitet und in Diskussionsforen gepostet. Zum Teil werden sie (fairerweise) mit dem Hinweis »Spoilerwarnung« versehen. Ob mit Absicht verbreitet oder durch Nachlässigkeit kundgetan: Spoiler verderben anderen den Spaß und den Überraschungseffekt in der Sendung.

SPOOKY [*engl. für: gespenstisch*] Spooky bedeutet eigentlich nichts anderes als grausam, gespenstisch oder schauderhaft. Eingedeutscht kann es immer dann verwendet werden, wenn einem etwas nicht geheuer vorkommt und eine Gänsehaut beschert. Meist wird es im Zusammenhang mit popkulturellen Ereignissen genannt. Wenn beispielsweise talentfreie ↑**CASTING-OPFER** zu Superstars werden oder eine Boygroup mal wieder die Spitze der Charts anführt und dadurch als Maß für den Musikgeschmack der Deutschen gilt, dann ist das ziemlich spooky und verheißt nichts Gutes. Vom Untergang des Abendlandes wollen wir (noch) nicht sprechen.

STAND-UP-COMEDIAN [*engl. stand-up comedian = Stegreifkomiker*] Ein Komiker, der seine Gags nicht nur auswendig lernt, sondern auch aus dem Stegreif vorträgt, ist ein Stand-up-Comedian. Seine Show entwickelt sich spontan, seine Witze sind improvisiert, sein Anliegen weniger politisch motiviert. Diese Art von Comedytheater ist mit dem Kabarett verwandt, unterscheidet sich aber von diesem inhaltlich. Während der Kabarettist ironisiert und auch die großen Themen der Gesellschaft und Politik aufgreift, beschreibt der Stand-up-Comedian mehr die Welt im Kleinen, seinen eigenen Alltag und seine persönlichen Konflikte mit seinem Umfeld. Mittlerweile gibt es auch Fernsehformate, die sich des Improvisations- oder Stegreiftheaters bedienen: Hier müssen die Schauspieler auf spontanen Zuruf eine Szene umsetzen. In der Spontaneität und Kreativität der Akteure liegt der große Erfolg, weil beim Zuschauer keine Langeweile aufkommt.

STATEN [*zu engl. to state = aussagen*] Das Realityfernsehformat Big Brother hat uns diesen Begriff beschert. Die Showkandidaten aus dem Container müssen am Ende des Tages immer getrennt von den anderen vor der Kamera ein Statement zu den tagesaktuellen Geschehnissen abgeben. Das Staten hat so Einzug in deutsche Wohnzimmer gehalten und wird inzwischen im alltäglichen Leben für jede Form der Meinungsäußerung verwendet.

STREAMEN [*zu engl. to stream = fließen*] Wenn man im Internet ein Video anschaut, dann wird dieses als Datei zwar nicht auf den eigenen Computer heruntergeladen, wohl aber in einem Zwischenspeicher abgelegt, um es abspielen zu können. Ganz anders beim Streaming. Beim Streaming werden Audio- oder Videodaten aus einem Netzwerk empfangen und gleichzeitig wiedergegeben, leider oft in schlechter Qualität. Ist das gesendete Programm

eine direkte, zeitgleiche Übertragung einer Veranstaltung, dann handelt es sich um einen ↑**LIVESTREAM.**

STREETART [*engl. für: Straßenkunst*] Neben unlesbaren Tags und stümperhaften Graffiti haben in vielen Großstädten auch kleine Kunstwerke auf Mülltonnen, Hauswänden, Stromkästen, Verkehrsschildern, Kanaldeckeln oder anderen Stadtmöbeln Einzug gehalten. Wenn ein Bild, ein Schriftzug oder eine Karikatur gesprüht, geklebt oder gemalt wird, handelt es sich um Kunst im öffentlichen Raum. Manche Graffiti werden mithilfe von Schablonen an mehreren Stellen der Stadt mit Farbe gesprayt. Diese **STENCILS** bilden eine Unterform der Streetart. Oder es können aufwendige, zu Hause gefertigte Installationen, Plastiken oder Skulpturen sein, die dann auf der Straße in einen neuen Kontext gestellt werden. Beim ↑**AD-BUSTING** werden z. B. Werbeplakate aufgehübscht, bemalt und entfremdet. Auch ein Sperrmüllhaufen, der zu einer lebensgroßen Figur neu zusammengestellt wird, ist Streetart. In jüngster Zeit wird die Straßenkunst auch von Unternehmen als Werbemittel aufgegriffen. Dieses ↑**GUERILLAMARKETING** soll Produkten ein jugendkulturelles Image

Wenn die Menschen nicht zur Kunst gehen, kommt die Kunst zu den Menschen. Der urbane Raum wird zur Ausstellungsfläche. Augen auf!

geben. Dennoch wird diese moderne Kunstform, da sie zum Teil illegal und strafbar ist, von einem Teil der Bevölkerung als Vandalismus empfunden.

TITTYTAINMENT [*Zusammenziehung aus engl. vulg. tit = Busen und engl. entertainment = Unterhaltung*] Auf die Prognose, dass langfristig lediglich zwanzig Prozent der globalen Bevölkerung für die Weltwirtschaft benötigt würden, schlug der ehemalige US-amerikanische Sicherheitsberater Zbigniew Brzezinski vor, die übrigen achtzig Prozent mit diversen Maßnahmen so weit ruhigzustellen, dass es nicht zu

Unruhen kommt. Diese Strategie nannte er Tittytainment – aber wer hier **ADULT-CONTENT** im Fernsehen vermutet, liegt falsch: Das Kunstwort zielt nicht notwendigerweise auf das massenmediale Zurschaustellen weiblicher Geschlechtsmerkmale, sondern umschreibt vielmehr die einlullende Wirkung, die Stillen an der Mutterbrust auf ein Baby hat. Tittytainment kann daher so ziemlich alles sein, von Kochshows über Karnevalsumzüge bis zur Fußball-WM – Hauptsache, der Zuschauer wird nicht zum Nachdenken über die größeren politischen und wirtschaftlichen Zusammenhänge animiert.

TWITTERATUR [*Zusammensetzung aus Twitter und Literatur*] Zunehmend entdecken auch Schriftsteller das **MI-KROBLOGGING** für sich und versorgen ihre Fans über **TWITTER** mit kurzen Minianekdoten. Während private Statusberichte oder Hinweise auf Neues und Interessantes im Netz von der twitternden Gemeinde **TWEETS** genannt werden, existiert für poetische Kurztexte mit literarischer Anmutung die Bezeichnung Twitteratur.

ULTRAS Für Millionen ist Fußball die schönste Nebensache der Welt. Nicht für Ultras! Für sie ist der Ballsport ihr wahrer Lebensinhalt. Entsprechend ihrem Motto »Immer und überall alles für die eigene Mannschaft« sind sie es, die in den Stadien für Stimmung sorgen. Sie denken sich Choreografien für die Fanblöcke aus, initiieren La-Ola-Wellen und koordinieren die Gesänge. Während sie sich in vielen Ländern weitgehend auf Support und gute Stimmung beschränken, haben sie ihr Betätigungsfeld in Italien, wo der Ultragedanke seinen Ursprung hat, darüber hinaus ausgebaut. Es reicht von der Kontrolle darüber, wer was in ihrer Fankurve verkaufen darf, über die gezielte Einflussnahme auf die Vereinspolitik bis hin zu gewalttätigen und ideologisch geprägten Auseinander-

setzungen mit anderen Ultra-Gruppierungen.

UNTERSCHICHTENFERNSEHEN Unter dem Deckmantel eines journalistischen Dokumentationsbedürfnisses überschwemmen uns private Fernsehsender mit einer Flut von Realityformaten, bei denen menschlicher Alltag reißerisch mit der Kamera begleitet wird. Da wird gezeigt, wie die hoch verschuldete Familie mithilfe eines Schuldnerberaters versucht, wieder in die schwarzen Zahlen zu kommen, wie Menschen nach Mallorca auswandern, ohne ein Wort Spanisch zu sprechen, oder wie Hausfrau Sabine aus Berlin mit der Siebenfachmutti Ursula aus dem Ruhrpott für zehn Tage die Familie tauscht. Durch Äußerungen und Aktionen, die meist auch eine geringe schulische Ausbildung vermuten lassen, lösen die Hauptpersonen beim Publikum nicht selten das Phänomen des ↑**FREMDSCHÄMENS** aus. Das Fehlen des intellektuellen Anspruchs und das Phänomen, dass es sich sowohl bei den gefilmten Personen als auch bei einem Großteil der Zielgruppe um eine bestimmte soziale Schicht handelt, veranlasste Soziologen dazu, diesen abwertenden Begriff zu prägen. Spätestens seit Entertainer Harald Schmidt in seiner Late-Night-Show diese Bezeichnung aufgriff, wurde sie zur feststehenden Tatsache. Aufgrund der vormittäglichen Ausstrahlungszeit einiger Formate werden diese auch als Hartz-IV-TV bezeichnet.

VISUAL KEI [*Zusammensetzung aus engl. visual = visuell, optisch und dem Kanji-Zeichen kei = Herkunft, Abstammung, Clique*] Visual Kei (kurz: VK) bezeichnet eine besonders in der japanischen Independentszene verbreitete Musikrichtung, bei der sowohl die Musiker als auch deren Fans durch einen besonders knalligen und außergewöhnlichen Kleidungsstil auffallen, übertrieben geschminkt sind, ↑FANCY Frisuren und farbige Kontaktlinsen tragen. Während in Japan die VKs nur eine geringe wirtschaftliche Bedeutung haben, da sie zu einer Randgruppe gehören, sind sie in Europa zum Inbegriff der japanischen Populärmusik geworden. Die Visual-Kei-Szene, die sich auf das Nachahmen von Musikstars konzentriert, steht in enger Beziehung zum ↑COSPLAY, dem Verkleiden der Fans von Anime- und Mangafiguren im Stile ihrer bevorzugten Charaktere.

WEBISODE [*Zusammensetzung aus Web und Episode*] Eine Webisode ist eine zusätzliche Folge einer Fernsehserie, die nur im Internet auf der entsprechenden sendungsbegleitenden Homepage ausgestrahlt wird. In der Kurzepisode wird zum Beispiel einführend die Vorgeschichte eines neuen Charakters erzählt. Die Webisode ist kürzer als eine richtige Serienfolge, interaktiver gestaltet und ihre Handlung folgt nicht dem Drehbuch.

YOUTUBEN »Im Fernsehen kommt nur Mist, lass mal lieber youtuben.« Das 2005 gegründete Videoportal youtube.com ist ein Flaggschiff in Sachen ↑INTERTAINMENT und so erfolgreich, dass der Name sogar als Tätigkeitsbeschreibung herhält. Der Erfolg der Plattform ist so stark, dass YouTube paradoxerweise sogar Verluste einfährt. Weil inzwischen täglich Millionen Menschen youtuben, also Videos ↑UPPEN oder ansehen, fallen monatlich bei dem von Google aufgekauften Unternehmen rund 28 Millionen Gigabyte Datenverkehr an – und damit verbunden weit mehr Kosten, als durch Werbung wieder eingespielt werden können. Immer wieder werden skurrile Filmchen so oft angeklickt, dass ihre Protagonisten in der Community zu ↑CEWEBRITYS werden. Damit bewahrheitet sich einmal mehr die Prophezeiung, die Andy Warhol bereits in den 1960er-Jahren auf den Punkt brachte: »In the future, everyone will be famous for 15 minutes.«

Die folgenden über 700 Wörter finden Sie in diesem Buch in sechs Kapiteln. ↑WÖRTER mit einer eigenen Definition sind mit einem Pfeil versehen. Im Register verweisen die lila Zahlen auf diese Definition. Begriffe, die in anderen Definitionen verarbeitet oder erklärt sind, haben lediglich schwarze Seitenzahlen.

Das Ende eines Buches ist nicht
das Ende von Sprache. Sprache
lebt, und sie lebt weiter auf

szene sprachen wiki.de

TREND
BÜRO

Wir danken allen registrierten und den vielen anonymen Userinnen und Usern, die mit ihren Wortvorschlägen und Kommentaren auf szenesprachenwiki.de aktiv am Entstehen dieses Buches mitgeholfen haben. Besonderer Dank an unsere Topsubmitter, die bis zum Redaktionsschluss dieses Buches die Online-plattform mit besonders viel Engagement belebt haben.

Alexander Bräutigam / Anton / Bachfuß / Bettina / Bienerl / Bindorke / blumentopferde / Cadaverizer / chiller1591 / colle / diehandykiste / druffdruffdruff / effe / emsig / erbsen-schäler / Ernesto Rico-Schmidt / Eva Deinert / Felicitas Boehm / Fine / Florian H. / Fred / Gerjet Joris Betker / Hampp / Hank Hackintosh / Hartmut Ehreke / Heiko Krämer / Her-bert Thaler / Herle King / hoffmabj / Hugo van der Wölk / powergnu / Jax / Jens Liebenau / Jermuk / Jörg Jelden / Jörg Schneider / judith / katinka8 / lametta / Laura Combüchen / Laura Johanna Reinlein / leppi92 / Lillith Stuckenberg / lutzcschneider / Madeline / mari-esa / Maxiking / Merki / micheline / mpone / Mutschekiepchen / Natascha Oldenbüttel / Nescobar A-Lop-Lop / neverh / nigiri / Nina / Offermanns / otis / Paloma / pat_bouvier / procontan / Pulp_Kill / Rainer Tsombris / rignas / Roman Graz / RoswithaC / salva / Sa-rah / sasbif / Sascha A. Carlin / Sebastian Deutsch / Seidi / shaddixx / smoker4133 / solia-ner / Stefan Landrock / Sven Schäfer / THMN / Thomas Bosselmann / weblurch / Wolf / worship / Wortast / Yaz / Zollschuppenfelix

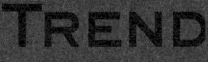
TREND